多一法則

破解吸引力法則，打造原子心態，迎接複利人生的幸福指引

THE POWER OF ONE MORE

艾德・麥萊特（Ed Mylett）——著
楊東昊——譯

謹以此書獻給我的父親小愛德華・喬瑟夫・麥萊特，那個教會我「多一」真正含義的男人。

【目錄】

前言／7
第一章　再一個身分／13
第二章　「多一」並活在自己的母體裡／29
第三章　再試一次／49
第四章　「多一」以及時間管理的五大原則／67
第五章　再一份情緒／83
❖
第六章　再一段關係／95
第七章　再一個夢想／109
第八章　再問自己一個問題／121

第九章　再一個目標／129
第十章　再一個高一點的標準／145
第十一章　不可能的思考者和可能的實現者／161
第十二章　再一個習慣／175
第十三章　再一個倍增者／189
第十四章　再一點麻煩／201

❖

第十五章　「多一」並定義領導力／213
第十六章　「多一」以及我的十一個領導原則／227
第十七章　再一點心如止水／241
第十八章　再禱告一次／253
第十九章　最後再一次／269

前言

《多一法則》是我三十多年來研發的理論結晶。

本書的核心概念是你的意願，願意健身時多做一組，多打一通電話，早起一小時，多建立一段關係，或者為了當下的狀況多做任何一件事。

實踐「多一」，你可以走向最美好的生活，超出這個世界的預期。

我寫下這本《多一法則》，是為了把我一再使用的策略分享給你，讓你也能改變自己的人生。藉由「多一」的生活，你可以完全改變人際關係、財務狀況、情感、從商的方式、人生觀等等。

你生來不是為了成為一個普通人或平凡人。你生來是要達成一些偉大的事情，我知道你會做到。

《多一法則》是我們之間的動態契約，是重要的思想和知識交流。根據每個人的身分不同，我要分享的東西會對你們有不同的影響。改變你的思考方式和行為，你會在人生中找到最在意的答案。

這一切的美妙之處在於，大多數時候答案都是相對簡單的。

但不論出於什麼原因，你可能看不到答案，也解決不了問題。要開始著手處理也會讓你感覺是一項艱鉅的任務。大多數人的印象是，我們必須做一千件事情來改變人生，實際上這跟事實天差地遠。

我已經體會到了，希望你未來也能體會到，其實往往只要多做一件事情就夠了。而且通常距離你現在的位置僅有一步之遙。

從「多一」開始。

改變人生的距離，其實比你想像中還要近很多。**你只差一場會議、一段關係、一個決定、一個行動或一個想法。**《多一法則》**讓你極度專注，並熱衷於找尋生命中的「多一」。**當你開始看到它們，然後用行動實現它們，生活就會發生更多的變化。

你不需要有太深奧的想法或行動，但當你把這些小的想法和行動疊加在一起，再加上時間的推移，就會為你帶來長遠的改變。

我會教你遵守對自己的承諾，塑造出一個內在的信念系統，讓你相信自己值得更好的生活。當你實施「多一」的策略，就是在實施一套比別人更自律、更有系統的原則。

這不僅僅是一本「如何在事業上取得成功」或「如何有好的人際關係」的書，雖然對某些人來說這本書的確是這樣，但對大多數的人來說，這本書的應用層面很廣，所以你可以把它視為一本「如何在人生中取得成功」的書。你的挑戰是學會這些策略，並套用於生活中重要之處。

這本書不會有空談，你可能會對某些部分特別有感。某些原則可能會挑戰你既有的思考方式、信仰和價值觀。還有一些可能會如醍醐灌頂一般，讓你大徹大悟並改變你的人生。我精心設計了這些策略，讓它們能夠融入每個人的生活。你將會讀到適用於所有人，也適用於各個領域的原則。

不論你是世界頂級的運動員、CEO、新創老闆、父母或者大學生，都可以從每一章中汲取教訓。有些讀者可能會因為這本書，徹底改變自己的人生。其他人則會透過這本書來專注在彌補生活中的不足，或者處理特定的麻煩事。

我很有信心，相信《多一法則》會引起你的共鳴。因為在許多方面，我其實就和你一樣，和轉型之前相比，我已經不可同日而語了。和你一樣，我有時也會陷入掙扎，我知道擔心金錢、人際關係和人生方向是什麼樣的感覺。我也知道缺乏自信，陷入低潮並自我懷疑是什麼感覺。我曾經窮得一貧如洗，甚至付不起公寓的水費。

我曾面臨健康問題。

我曾失去重要的人。

多年來，**我一直在和懷疑、沮喪、恐懼和焦慮鬥爭。**

我曾經生活在沒有答案的情況下，更慘的是，甚至迷失過方向，不知道去哪裡可以找到我想要的答案。

對於那些原生家庭功能失調或者充滿壓力的人，我也能夠感同身受。在本書的最後，我會告訴你我遇到的個人挑戰，我的父親從小就酗酒，但他同時也是我的英雄，我會和你分享這段往事對我自尊心造成的影響。

事實上，我會在學習如何成長這方面變得如此熟練，原因之一是我的起跑線在很後面，所以我必須學習如何成長，這樣才能達到追上標準值的程度。

這樣的好處是我的信念得到了加強，我深深相信人們可以改變自己的人生，因為我親眼見識到了父親多年來的變化。

寫下這本書的另一個原因是，經過多年的掙扎和試錯，我知道要如何取得成功。我付出了代價，但現在我已經知道答案是什麼，也知道勝利的途徑。

一路走來，我目睹了身旁好友和事業夥伴以勝利為代價，追逐自己認為的娛樂。難過的是，他們最後變得心煩意亂，也忘記了勝利的滋味。然後，他們花上更多的時間和精力，試著回到一個本來早就能夠到達的位置。

剛踏入職場的時候，我總是把娛樂放在一旁，一心一意追求勝利。諷刺的是，沒過多久我就發現，**贏本身就是一種樂趣**。事實上，我最為人知的一句話就是：「獲勝比娛樂更有趣。」希望在讀完這本書後，你也會這麼想。

三十年來，我一直追隨著這些原則，運用我的所學來過上最棒的人生。寫下這本書的目標是想幫助你找到自己的才能、天賦和能力，然後為了自己，也為了周遭的人，將它們最大化。

我讀過許多自我提升還有個人表現的書，但很多都在重複說著一樣的話，我不知道你是怎麼想的，但讀了幾章後我就興趣缺缺了。所以我刻意讓《多一法則》變得與眾不同，我將要跟你分享的策略和哲學是獨一無二的。

《多一法則》會教你如何把自己的天賦和思想及行動結合。讓你能夠設定標準、目標和自己應得的結果。我分享的每一頁內容，都對我助益良多，但我也會保持謙虛，因為我完全知道這其中有一定的運氣成分在，還有上帝的祝福。

你會有自己的天賦，但就跟我一樣，你也需要付出努力，在面對改變時保持開放的心態。這些改變一開始往往並不容易，事實上，一個目標越有價值，你為這個目標做出越多改變，阻力就會越大。提前知道這一點，然後做足準備。保持正確的心態，同時心智也足夠堅強，你就更有機會能夠成功。

多年來，我生活的方式，我的成長，我的改變，我的財富、快樂和所有人際關係都歸功於《多一法則》。我想和你分享我得到的經驗，讓你也可以過上最棒的人生。

把這本書當作一把心靈的鑰匙，你可能會驚訝於**多一個想法和多一個行動會如何改變你的生活**。

記住，我們有很多相似之處，你跟我。

如果我做得到，你也可以。

第一章 再一個身分

人們常說時間能改變一切，但事實上，一切都必須由自己改變。

——安迪・沃荷

在許多層面上，想要成為一個多一思考者，重新塑造你的「身分」是最基本的概念。

你的身分是決定你生命中大小事的關鍵因素。你的身分決定了你的高度、財富及成就，同時也控制你的情感、關係和自我價值。

到底什麼是身分呢？我的定義是：我們最真實的信念、觀念及想法。你大可戴上面具或是用自己的方式面對這個世界，但對於自己的信念、觀念及想法，你無法欺騙自己。**內心深處，你知道自己是怎麼樣的人。**

換句話說，身分是：我們看待自己的方式，就是對於自身的信念。關於身分，有一個矛盾的點，許多人知道如果他們改變自己的身分，生活便能大幅改善。然而，就算是為了自己好，大多數人不願意踏出那必要的一步。

你願意為了理想的樣子而犧牲現在的自己嗎？答案應該要是一聲響亮的：「願意！」這樣的送分題，為何如此多的人會不斷掙扎呢？這是個謎。你出生在世界上不是為了渾渾噩噩，虛度光陰。你的任務是不斷成長、進步及學習如何活出美滿快樂的人生。當你達成任務，身分便會隨之改變。

身分非常重要，你的身分讓你解鎖生命中其他的美好事物。當你「多建立一個身分」，你就是賦予自己控制內在訊息的能力，而不是被那些可能從出生的那天起，就一直在壞你好事的外力所支配。

你的身分早在兒時就已被塑造

兒時的你易受影響、樂於接受新事物，而且活得很快樂，宛如一張白紙。

你沒有任何理由相信這個世界是來傷害你的。漸漸地，透過父母、家人、朋友、老師和其他人，你學會如何在這世上立足。

當然，有些人出於善意教導你，但不代表他們總是對的。**事實上，沒有人永遠都是對的**。兒時的你接受許多別人告訴你的事，不論正確或錯誤，於是你變成他人影響之下的產物，不論好的壞的。不幸之處在於，當時的你毫無防備，你的批判性思考能力尚不足以成為讓你在這世上生存的工具。

隨著逐漸長大，你慢慢確立自己的身分。如果有人說你是個壞學生或很遜的運動員，那便會成為你的一部分，你仍然沒有能力推翻你被告知的一切。帶著這些對自己的信念長大成人，你的身分慢慢紮根。對自己的設限成為你的一部分，而這些限制根深蒂固到你甚至不確定它們到底是哪來的。

那是個很沉重的包袱，對吧？

當你終於夠大，能夠質疑自己的身分時，你已經在沒有選擇的情況下，帶著這個身分活了許久。當然，這甚至是在你能意識到這件事的情況下。許多人只是過自己的生活，搞砸了，失敗了，卻從不知道原因。

然而，身為多一思考者，你現在意識到了，一旦你有意為之，你便能**改變自己的身分**。

以下是我提供的方法。

調整你的身分恆溫器

我過去曾簡單談過身分恆溫器，但現在我想要更加深入，讓你了解這個觀念的好處。

你的身分是管理生活和成就的力量。把身分想像成一個恆溫器，**你的內部恆溫器決定了你的生活條件**。

如果一個房間太冷或太熱，你會藉由恆溫器調整成你喜歡的溫度。外在的條件如何都不重要，外面可以是38℃，但如果恆溫器設置為24℃，恆溫器啟動，冷氣便會降低並調節溫度。儘管外面是–1℃也一樣，恆溫器啟動，將周圍環境加熱到24℃。

你的生活也是如此，如果你是一個24℃的人，你會打開生活的冷氣，將溫度冷卻到你自己認可的價值。這就是為何當每次事情的結果比預期的好，你會不自覺地打開生活的冷氣，並降溫到你認為自己應得的程度。

如同一個恆溫器，你的身分會調節內部自我價值，並決定你的行動和成就。許多人有個錯誤的假設，即外部因素是控制你恆溫器的罪魁禍首。他們認為決定身分的是升官、和真愛結婚，或得到一個好的學位。

如果你不提高自己的身分，那你遲早會打開生活的冷氣，而溫度會掉回24℃，或其他你不想要的溫度，僅因為你沒有對自己負責，並決定自己想要的身分。

然而，如果恆溫器設定正確，它便能無視外面的溫度，不論外在條件為何，你都能成功。

事實是，你可以學習你想要的所有才藝、技術及能力，不過在這些才藝與你的身分一致之前，你將難以達到自己所設下的目標，在任何領域都是這樣。

就好像你的身材，假設你一次減掉十公斤，儘管你有最好的減肥飲食或健身菜單，一年後，你會找回減掉的所有重量並回到起點。因為你的身材恆溫器是設定在24℃，代表帶著那十公斤的肉對你來說很自在，所以儘管你再次嘗試，還是會回到24℃的設定。

你可以把飲食、健身和所有事情都做對，但只要你內部的恆溫器還是24℃且沒有設定在成功的狀態，最終還是會因為亂吃或沒有遵循健身菜單而回到原先的設定。你會歸因於外在因素，並回到你給自己的價值。

另一個例子是，也許你現在有點小錢，但似乎沒辦法更上一層樓。你可能想要戶頭裡有一千萬美金。然而，在你把恆溫器調到相信自己值得一千萬之前，儘管你真的賺到了一千萬，你的恆溫器遲早會降溫到你給自己的身分。這可能會花上幾年，但除非你改變內部的恆溫器，否則你終將遇到財務挫折。

有很大的機率你已經體驗過這些狀況。

生活中永遠不會缺乏資訊、指導或成功的道路。由此可見，成功的阻礙是在你的內心。這就是為什麼你可以把所有事情都做對，結果卻仍不盡如人意。

記住！潛意識裡，我們會根據自我評估的價值，試圖回到恆溫器設定的標準。

簡單來說，如果恆溫器設定在24℃，你就沒辦法達到38℃的身材或健康。恆溫器會將你限制住，直到你創造一個能激發成長和變化的新身分。

這並不是說你無法成功，因為在很多狀況下你都可以成功。然而，除非你調整身分，否則恆溫器遲早會讓你回到最初的狀態。

一般來說，大部分人回到原點時都會怪罪於外在因素。下面的例子是不是很耳熟？

> 我的背扭傷了，有八個星期不能鍛鍊，然後我就對健身失去了興趣。
>
> 景氣蕭條，我在股市損失了一大筆錢，所以我放棄了身價一千萬美元的夢想。

如果你的恆溫器設得不夠高，就會把這些視為針對自己的巧合、報應或霉運。但事實並非如此，如果你的恆溫器設得夠高，這些不過是暫時的挫折罷了。

然而，身為一個多一思考者，你和其他人的差別就是，你會將這些挫折視為通往目標的減速帶，而不是失敗的藉口。你會擁有達成目標所需的膽量，最終，你將上升到那個溫度。

記住，身為一個多一思考者，改變源自於思考與行動。這本書不是要教你做某件事，而是做好所有的事。當你的思考與行動一致，就不會把恆溫器調低，相反地，你將有能力調高恆溫器以達到你應得的成就。

改變身分三部曲

一旦你相信改變身分是改變生活的關鍵，問題就變成了：「我該如何重新調整恆溫器以創造新身分？」這個過程以三大核心為基礎：信仰、意圖和關係。

信仰

《馬太福音》17:20-21說：「我實在告訴你們，你們若有像一粒芥菜種大的信心，就能對這座山說：『挪去那邊。』他也必挪去；並且你們沒有一件不能做的事了。」

沒有什麼比信仰更能移動山了。改變你的恆溫器以得到新身分也是一樣的道理。如果你是一個有信仰的人，無論你信奉基督教、佛教、印度教、伊斯蘭教、猶太教，或任何其他基於信仰的教義，從根本上來說，你都相信你的上帝愛你。

信仰的一部分讓我相信自己擁有世上最頂級的DNA，也就是上帝的DNA。因此，我也相信上帝以自己的形象創造我，並不是為了讓我活在24℃的恆溫器之下。我的上帝，還有你所信奉的神，都希望我們在38℃的恆溫器下活出一個有信仰的生活。

很多人說自己非常虔誠，不過又有多少人敢說自己生活中的每一部分都充滿上帝和信仰呢？我知道很多人仔細研讀聖經、固定做禮拜，或者古道熱腸、充滿愛心。但這些人有把信仰延伸到自身的健康、財務狀況、人際關係及生意嗎？大部分的情況下，沒有。

改變身分的一大關鍵就是，對生活中的每一部分都抱持著覆海移山的信念。

意圖

當我們的行為是出於善意，那我們的靈魂便不會後悔。

——道格拉斯．威廉姆斯

我遇過許多人不斷為了生活的現況感到自責，卻不會因為自己願意邁向新身分而給予肯定。如果這聽起來是你，你這樣只是在困住自己。

這些抱怨聽起來耳熟嗎？

> 要是那次我有成功升遷，我就會更加肯定自我。
>
> 三年前離婚後，我的生活完全是一團糟。
>
> 我是個失敗者，因為我在疫情期間被迫宣告破產。

這些行為是一個死氣沉沉的失敗者的應對方式，並不會讓你脫離困境。這對你是不公平的，而你是對自己來說最重要的人！

這樣的思維會讓你陷入一個惡性循環，陷得越深，你就越難創造一個新的身分並爬出谷底。你會開始接受挫敗，不願與人相處，人們也會不想和你在一起。

與其對生活感到厭煩，不如翻轉你的人生劇本，告訴自己你打算把事情做好，你打算發家致富且事業有成，你打算用心對待周遭的人們，你值得一段充滿愛與關懷的感情。**以善意對待生活，並靜觀其變。**

你的意圖會讓頭腦開始創造新身分。**大腦會根據被告知的內容運作。**當你告訴大腦你想要什麼，它就會助你一臂之力，並隨著時間塑造為新的身分。意圖不是創造最終讓你破產的銀行擠兌，而是能夠存入「身分銀行」的貨幣。

關係

想想美國作家賀吉（T. F. Hodge）曾說過的：「我們是由周遭的環境所構成。」

如果跟38℃的人混在一起，你不可能保持在24℃。

在你的同溫層裡，你吸收他人的特點、行為及信念。他們的知識和想法，在無意識和有意識的情況下，都會逐漸成為你的一部分。

這就是為什麼你需要追求優質的關係，因為這樣能夠直接或間接地幫助你成為命中注定的38℃。

從反面來看，如果你想要調高你的恆溫器並改變身分，你可能需要跟生活中10℃的人說再見。

我知道這不容易，**不過在你能夠為正確優質的關係騰出空間之前，你會陷於已經毫無意義且正在拖你後腿的關係裡。**這絕對不是一件容易的事，但有時候，是必要的事。

另一個辦法是**拒絕10℃的行為，並調高他人的恆溫器。**這個方法在面對家人或一生的摯友時尤其可行，因為切斷那樣的關係可能會很困難。

最重要的是，你反映了周遭親朋好友的樣貌，如果你和那些能調高你恆溫器的溫度並使你進步的人相處，那麼你就在創造新身分的正確道路上了。

一旦你學會了上述的三部曲，若你保持自信，改變身分，你只會繼續前進，不斷進步。

自信是不可或缺的要素

我會在第十二章詳細介紹習慣這個觀念，不過自信與身分之間的關係值得我一提再提。首先你要知道**身分跟自信不同**。身分是相信自己擁有的價值，你的恆溫器。自信是實踐身分的手段。

信心十足的人往往有個共同的習慣，就是**遵守對自己的承諾**。當你有遵守對自己承諾的習慣，你就走上了通往自信的道路。

自信也是一種**自我信任**，如果你無法信任自己，你可能需要好好思考人生了。

這也說明了，如果太膽小，你就不會採取行動；如果有疑慮，你就會用恐懼麻痺自己。

懷疑是外在因素的負面產物，是消極的溫床。當消極的想法蔓延，它們會占據你所有的思緒，使你深陷泥沼之中。

這就是為何你需要**守護你的思想**，斬掉那些占據「好的你」的雜念。雜念可能無法被根除，但沒關係。自信不代表毫不畏懼或膽怯。自信代表的是你與自己達成的協議，不論如何都向前進。

另一個關鍵是，**自信乃由內而生**。且因為自信是內在的情感，你可以做到讓情勢對自己有利。

詩人愛默生說：「無論過去還是將來，和你的內在相比都微不足道。」

仔細想想這句話。**你是唯一能決定自己有多少自信的人。當你打破與自己的承諾，你只是在與自己作對**。聽起來滿蠢的，對吧？你難道不想要為其他戰鬥節省一點精力嗎？

萬事起頭難，要遵守自己的諾言，第一步也是最難的。但我保證一旦你腦海裡的列車開始行駛，你就會找到執行的動力。當你在發展新身分時，你的成果將會成為火車在軌道上繼續行駛的燃料。

自信的相反是自毀。自毀就像潛伏在人體的電腦病毒，只有在你面臨人生的重大變革時才會被觸發。自毀帶來灰心和懷疑，而灰心與懷疑是自信的死敵。

網站 Farnam Street 創辦人夏恩．派瑞許（Shane Parrish）貼切地描述了灰心與懷疑會如何傷害你：「樂觀也許不會讓你成功，但悲觀必然讓你失敗。」**當你自毀，你就會調低自己的恆溫器，並否認本屬於你的幸福。**

也許是你，也許是你認識的某個人。有些人有一種壞習慣，就是在嚐到甜頭後會不知好歹。最糟糕的是，這樣的人似乎一遍又一遍地做這種事。他們被貼上「極度糟糕」的標籤，過著亂七八糟的生活。**實際上，他們只是把自己的恆溫器調到了自認的價值所在。**

你有多常看到一個人遇到了自己理想型後，卻對他們不忠，表現惡劣不得體，或十分粗俗？你是否認識一些人，在賺進一大筆錢後開始墮落，沉迷毒品、酒精、揮霍無度或者將財富賭掉？很多人也聽說過運動員的警世故事。有些運動員不好好訓練、控制飲食或染上惡習，有些甚至賠上了性命。**他們都犯了自毀的毛病，因為缺乏與身分相符的自信，所以缺乏紀律。**他們的恆溫器配不上一開始的小有成就，最終，恆溫器重置，他們回到起點。

這種情況令人痛徹心扉，因為這其實是可以避免的。

以下是我避免自毀、灰心與懷疑的方法。當我有自毀的念頭時，我會注意並記錄這個想法，並想像自己親手劃掉那個想法。第一次這麼做的時候，我還是能感受到那個想法。所以我會不斷地做，需要幾次就做幾次，直到這個想法被標記塗黑，再也看不到。當我感受不到這個想法時，它就已經從我腦海裡徹底消失，我不再與之共存，**這個想法也不再限制我的**

人生。

想要與你的「再一個身分」共存，你需要遵守正確的承諾。你需要消除負面想法，並創造一個環境，讓自信成為一種資產，而不是內心的恐懼。

現在你已經更了解自信與身分是如何協作的了，是時候來看看一些會扭曲思想的錯誤觀念了。

關於自信與身分的錯誤觀念

意識到並拒絕這些錯誤觀念，對你在創造新身分的路上將有所助益：

- **我就是我所擁有的。**很多人把自信、身分與財產連在一起。他們做出錯誤假設，認為擁有越多財產，就越有自信，他們的新身分也就越完美。

  事實並非如此。這樣的認知太過空洞。

  獲取物質上的滿足絕對不是錯事，如果我跟你說這樣不對，那我就太虛偽了。我不會把財富和自信與身分連接起來，我會有意識地將它們分開，而你也該如此。

- **我就是我的成就**。這是一個可怕的陷阱，因為在你的一生中，為了滿足自信和身分，你會不斷需要達成成就。

  你就是你，保持單純。你來到世上是為了做些偉大的事情，但**自尊心是一個危險的無底洞**。用盡一切辦法，試著創下豐功偉業，但不要過度沉浸於讚美自己，以至於失去應有的謙遜。記住，一切都可能轉瞬即逝。如果把成就當做支撐自我價值的拐杖，我保證你會摔得很慘。

- **我是別人口中的我**。錯了，自信的本質和對新身分的尋求，恰恰與這種信念完全相反。忘掉那些虛榮的東西，不要把你的價值建立在社交媒體的按讚數上，不要乞求讚美。這是一種廉價和貧窮的生活方式。當你這樣做，就是與增進自信和創造新身分背道而馳。

- **我的外表就是一切**。許多人掉入美的陷阱，尤其是那些接觸許多電視節目、部落格、Podcast、社群媒體和雜誌的女性，這些東西都過度專注於外在美。

  事實上，**真正的美來自內在**。你的美來自靈魂、意圖、信仰、善良、付出和待人的方式。在健康上下功夫、減肥、用心打扮，這些都不是壞事。重點是要為自己而做，不為他人而做。記住，你是由自己所定義，而不是鏡子裡面的那個你。

身為一個多一思考者，你的身分是基礎，利用「三部曲」和自信來找到恆溫器的正確溫度。這樣一來，你不僅是在前往理想生活的道路上，同時也在創造你的最佳身分。

第二章　「多一」並活在自己的母體裡

這是最後的機會，之後就沒有回頭路了。吃下藍色藥丸，故事結束，你在床上醒來，然後相信任何你想相信的事。吃下紅色藥丸，你會留在愛莉絲的夢遊仙境，而我會帶你一探究竟。

——莫菲斯（Morpheus），《駭客任務》（*The Matrix*）

我是《駭客任務》的頭號粉絲。一九九九年上映時，《駭客任務》不僅是一部開創性的電影，其中的內容也有許多這本書的核心觀念。如果你還沒有看過《駭客任務》，請不要走開，你等等就會明白了。另外，接下來有劇透，請注意。

《駭客任務》講述了由基努．李維（Keanu Reeves）扮演的電腦工程師的故事，該工程師名為湯馬斯・A・安德森（Thomas A Anderson），他的另一個身分是名為尼歐（Neo）的駭客。尼歐後來與傳奇駭客莫菲斯聯手，試圖摧毀掌管人類生活的人工智慧，即所謂的母體。當他們與保護母體的特工作戰時，尼歐開始顯示出超人的天賦，像是減緩時間的能力，種種跡象都表明他可能是那個天選之人，或被選中來摧毀母體的人。

說到**天選之人**，我希望你能明白一件事。當你看到一個幸福或有錢的家庭時，要明白他們不是一開始就如此幸福或成功。也就是說，這個家庭是在**天選之人**出現之後，才永遠地改變了命運。

天選之人可以改變家庭的情緒、財務狀況、幸福程度和思考方式，以及其他種種。

在我的家庭，我是**天選之人**。不是因為我想這樣或我喜歡這樣，而是因為我已經準備好，而且我學會了成為**天選之人**所需的策略。

我希望你也能成為你家庭的天選之人。

之所以喜歡尼歐身為天選之人的故事，是因為我相信這是存在於每個家庭的一種隱喻。

這件事值得一講再講。當你看到一個幸福、成功且美滿的家庭時，要明白他們一開始並不是這樣的。然後，**天選之人**站了出來，永遠改變了這個家庭。

我會跟你訴說有關母體的知識，讓你也能成為那個在家庭中挺身而出的人。

有件事可能會讓你嚇一跳。

如果我告訴你，你已經生活在你的母體中了呢？

如果我告訴你，在你內心深處已經有一些力量在拖累你生活的某些部分，或者說在解釋和加強那些已經在你意識裡的東西，而你甚至沒有意識到這件事，你會怎麼樣？

但這確實正在發生。

母體是網狀活化系統（RAS，Reticular activating system）的一個俗名。你的RAS是一個過濾器，權衡生活中大小事的輕重緩急，並過濾掉那些不重要的事情。

RAS是我在過去談到的一個概念，不過我未曾像在本章一樣對RAS進行深入的探討。就像創造再一個身分，想要把本書的其他章節融會貫通，你就得先了解何謂RAS。

不過，雖然了解RAS背後的科學非常重要，但人們有時會被又臭又長的科學概念嚇到，因此以母體為例，我會提供為一個更容易理解和消化的策略。

無論你把它看作是你的RAS或者母體，請記住這一點。

把RAS看作是一個過濾器，它會將生活中最重要的事在你眼前揭露。

這裡有一個說明RAS的例子。假設你想買一輛藍色麵包車，你馬上會開始看到藍色麵包車無處不在。當你出門辦個事，或送小孩去學校時，高速公路上的三個車道可能都是藍色麵包車。

你知道嗎？那些藍色麵包車一直都在那裡，只是你以前沒有注意到。但現在它們已經成為RAS的一部分，過濾到你的意識之中，因為它們對你來說變得很重要。

這延伸到了你生活的其他部分。例如客戶、身材、人際關係或你想要的感情，都可以是藍色麵包車。一直在那裡，只是你從未看到，因為它們沒有被編入你的RAS，你只是把它們過濾掉了，因為對當時的你來說，它們還不夠重要。

它們要怎麼樣才會變重要呢？答案是反覆的想像和思考。這些東西讓你的RAS知道應該聽到什麼，尋找什麼，感受什麼，因為你的頭腦會朝向它最熟悉的東西移動。

這就是我所說的放慢速度。當你不斷想像和執著地思考某件事情，你就是在告訴你的RAS要注意這個想法，這時世界就會變慢。

這就是RAS的運作方式。

你已經做得非常好了，但很可能你做的時候沒有明確的方向，或者足夠的意圖和意識。然而，如果你能引導你的RAS更加關注生活中的藍色麵包車，你的生活就會開始改變。

多一思考者懂得與他們的母體合作，這會不斷幫你創造機會和收穫，使你的生活在無數個面向都加速發展。

放慢你的母體，過上更有深度的生活

放慢時間的概念可以追溯到古代文明。西元前五世紀的哲學家芝諾（Zeno）提出了一個問題：「如果一支箭在飛行的任一瞬間看起來是靜止的，這不就代表它實際上是靜止的嗎？」這是他提出的其中一個悖論。

距離那個時代，我們已經走過了漫長的道路，但人類與時間的關係仍然令我們著迷。就像《駭客任務》一樣，如果你想過一個更有深度、更有意義的生活，必須學會放慢你的思想。

從技術的角度出發，《駭客任務》使用了電影特效來創造所謂的**子彈時間**（bullet time）。子彈時間的拍攝方式，是在動作周圍，以三百六十度圍繞的方式，放置一百二十台攝影機，拍攝數以千計的照片，並將這些照片拼接在一起。子彈時間讓觀眾感覺他們在一個幾秒鐘內的慢動作場景中移動，也就是你最終在電影中看到的效果。

作為導演，沃卓斯基姐妹（Wachowskis）並不是第一個使用這種技術的人，但他們是第一個將其納入主流的人。子彈時間在《駭客任務》和隨後的續集中被多次使用，但最著名和最令人難忘的場景，是尼歐在屋頂上躲避一顆又一顆子彈那一幕，這也是子彈時間的名稱由來。

子彈時間也可以為你所用。它相當於一個極端版本的享受生活，不過意義遠不止於此。**當你有策略地放慢身體和精神狀態時，你創造了一個空間，使你的感官和大腦得以重置。**你以不同的方式看待事物，並開始意識到你想要的其實一直在那裡，你只是需要改變生活中的變因來看到它們。

關鍵是要意識到自身的情況和環境。子彈時間可以讓你多看到一個合作機會，多專注於一個使你網球進步的技巧，或者多發現一個讓婚姻更美好的方法。

> 我試著解放你的心靈，尼歐。但我只能帶你到門口，你必須自己走過去。
>
> ——莫斐斯

專注在當下會需要時間和注意力。就像《駭客任務》一樣，當你為之付出努力時，你會對發生在你身上的事情更加投入。

同樣重要的是，**你必須有意識地決定要選擇哪條路。**就像尼歐必須做出的藍紅藥丸選擇題，當莫斐斯要求尼歐在藥丸之間做出選擇時，他其實是要尼歐在命運和自由意志之間做出選擇。

在《駭客任務》中，服用藍色藥丸代表選擇命運。所有的選擇和行動都是已經決定好的，所謂的選擇只是一種假象。尼奧選擇了紅色藥丸，將自己置於一個有自由意志的地方，能夠根據自己的決定改變命運。他加入了莫斐斯和崔妮蒂，崔妮蒂是另一個為自由而戰的關鍵人物，他們兩個和尼歐一樣，都更加重視自由意志，不管那個世界有多糟糕。

每個人都擁有選擇其現實的能力，多一思考者只是更懂得如何利用這樣的能力。他們選擇自由意志和行動，因為他們知道自己想要什麼。他們結合思考和行動，以更接近自己的目標和標準。他們放更多心力在母體上，這讓他們能夠放慢自己的世界，世界也會隨之發生變化，慢慢接近自己的目標。

> 尼歐，你遲早會像我一樣意識到，知道一條路和實際走上那條路是有區別的。
>
> ——莫斐斯

生活的節奏讓我們常常只看到想看的，沿著預先設定的道路前行。對許多人來說，這是個權宜之計，但它也剝奪了生活中的許多樂趣。

如果這聽起來像你，不要太責怪自己。打從呱呱墜地的那一刻，我們就被教導要服從他人，遵守規則，並記住既定的事實。隨著世界發展得越來越快，在一個科技以光速發展的時代，想要跟上時代的腳步顯得更加困難。為了生存，我們不斷盲從，甚至讓別人替我們做決定。

如果你挑戰這個陳規呢？不是事事挑戰，而是在一些你在意的方面。如果你給自己一個心理緩衝期，審慎思考你面臨的選擇呢？**如果你在關鍵時刻更深入地探索所有的選擇呢？**

在可能的情況下，多一思考者應該更深入參與自己的生活。你的母體和紅藍藥丸的選擇題正在等著你。

母體的運作方式

母體是人體的核心功能之一，為這項功能之一貼上電影標籤非常酷。但想要完全理解你的母體如何運作，你也需要了解其背後的科學。

我之前提到了網狀活化系統（RAS），它是能夠讓你重新調整母體的精神肌肉。

你的RAS把對你很重要的東西過濾「到」你的意識中，並過濾「掉」那些不重要的。

在神經學術語中，RAS的R代表reticular，意思是「網或網狀的」。RAS是由神經細胞及其連結組成的網狀結構，位於你的腦幹深處，在脊髓之間，向上穿越至大腦中心的丘腦。這些細胞向外延伸到大腦皮層，也就是你大腦表面那層薄薄的神經組織。

RAS不會去理解你所輸入的感覺質量或類型，而是活化你的整個大腦皮層，使其處於高度警惕狀態。這樣的狀態會增強你解釋訊息的能力，並使大腦準備好做出合適的反應。

合適的反應意味著RAS改變了你的腦電活動，調節腦電波的電壓和神經細胞的參與速度，還會釋放化學物質幫助你調節睡眠、疼痛、運動功能、情緒和記憶。這些化學物質包括調節運動的乙醯膽鹼（acetylcholine），以及與意識和感覺有關的多巴胺（dopamine）、去甲腎上腺素（norepinephrine）和血清素（serotonin）。RAS也與精神疾病有關。RAS異常會導致精神分裂症、帕金森氏症和創傷後壓力症候群（PTSD，post-traumatic stress disorder）等。

在清醒的狀態下，你的大腦會產生低電壓的腦電波，腦電波的速度快得驚人，這樣你就能快速而專注地組織訊息。同樣的事情會發生在睡眠時的快速眼動期（REM，rapid eye movement），REM會帶給你強烈的夢境、身體運動，以及更快的呼吸和脈搏。

RAS配置這些信號的方式會決定你的警覺和認知程度，也將決定大腦如何解讀接收到的各種訊息。透過這種方式，ＲＡＳ**成為你大腦的自然過濾系統**。過濾掉一切對你不重要的東西，或決策過程中不必要的噪音，也讓你在睡覺時能夠不用處理各種訊息。

ＲＡＳ也將所有對你來說重要的東西過濾到你的意識中，這樣一來，你就有能力創造自己的現實。但你必須有意識地去做，而且要努力去做。對於多一思考者來說，ＲＡＳ就是你的母體。了解母體背後運作的科學，就更容易理解你應該如何，以及為什麼該想辦法讓母體為你所用。

舉個簡單的例子。如果你在意的是那些讓你不愉快的事物，你的ＲＡＳ就會啟動，而你一整天都會注意到那些使你不悅的事物；相反的，如果你在意的是值得感激的事情，那你會發現生活中其實處處充滿值得感激的事。

當你刻意啟動母體，把注意力集中在特定的事物上時，你會發現它們無處不在。

在沒有意識到的情況下，你的母體會篩選堆積如山的數據，只呈現你在意的部分。母體會以你的利益為出發點，你聽說過「垃圾進，垃圾出」這句話嗎？我打包票你不知道這句話背後有完整的科學體系在支撐，而且全都是關於你和你的母體。

母體也會尋找能夠佐證你信念的事實，它用你提供的參數過濾這個世界。你的信念塑造這些參數，並讓你相信你想相信的事實。如果你覺得自己不擅長打高爾夫球、畫畫、演講，那麼你可能真的沒辦法把這些事情做得太好；反之，如果你覺得自己能將時速一百五十公里的快速球打出去、可以在三個月內學會一門新的語言，或者在一年內精通交際舞，那你就更有機會做到。**母體讓你看到你想看的，然後影響你的行動。**

RAS也有助於解釋「吸引力法則」。吸引力法則的概念是：你在想著什麼，往往就會吸引什麼。人們常常用某種劃時代或是宇宙學的方式吹捧吸引力法則，不過一旦你理解母體的運作方式，吸引力法則就不再那麼玄了。

多一思考者具備的一個關鍵知識就是：**當你能訓練母體接受你的潛意識思想，並將它們與你的意識結合起來時，你的意圖就會變得很明確**。我提到很多關於「意圖」的問題，現在你終於知道整個過程是如何進行的，也知道其背後的原因了。

刻意控制母體需要專注力和耐心，然而，如果你能掌握這項技能，母體就會加入你的陣線，讓你注意到你渴望的訊息、人物和機會，並幫助你達到標準，完成目標。

訓練你的母體以達到目標

那麼接下來的問題就是：「我要如何訓練母體來獲得我想要的東西？」這裡有一些簡單

且具體的方法。

首先，你得在母體埋下一顆種子。想一想你想改變的情況，例如，「我想減肥。」接下來，更針對、更具體地去思考你想要的結果。以減肥為例，你可以說：「我想在六個月內減掉十公斤。」最後，開始想像你希望達成這個目標的方式、過程。讓想像力聽到你和自己的對話、行動、鍛鍊、食物和其他任何需要達到這個目標的細節。為了讓母體鎖定目標，你需要刻意地反覆思考這些東西。

這樣做能夠讓母體為你工作。**多一思考者也必須將這些想法付諸於行動。**僅僅在精神上說服自己是不夠的，守株待兔只會讓你一無所獲。

比方說，你想要一隻狗。你喜歡哈士奇，但你從未注意過一天中能看到多少哈士奇，直到你把想法付諸行動，決定哈士奇就是你要的狗。突然間，你會發現哈士奇無處不在。

你的夢幻車款呢？也許在你的一生中，一直想要一輛保時捷，而這是那些沒有實際時間表的「有朝一日夢想」之一。然後，你的事業起飛了，你獲得一次很大的加薪，你「有朝一日」的保時捷夢想開始成為現實。你看到網路上的廣告、電視廣告和保時捷的廣告牌，每當有一輛保時捷在高速公路上與你擦肩而過，你就會興奮起來，你甚至認識了一位保時捷車主，母體將你的夢想提升到一個更高的境界。

當這些事情發生時，母體已經邁出了第一步，讓你更接近自己的理想生活。

母體和確認偏誤

確認偏誤（Confirmation Bias）指的是人們傾向將新的跡象解釋為對你既有信念或理論的證據。**母體和確認偏誤是緊密相連的。**當母體抱有特定的信念時，確認偏誤就會啟動並強化這些信念。這種情況發生時，任何可能推翻母體所相信的證據或理論都會被低估。

確認偏誤是選擇性回憶的延伸。當你選擇用想要的方式記住事情，事情的結果往往會是你所偏好的。**信念越強，或者一個問題對你來說越有感情，你的確認偏誤和選擇性回憶就越強。**

隨著時間的推移，這些嵌入的信念會變得更加強大。在潛意識中，因為不斷重複，你的執著最終讓你著了魔。當母體、刻意的行動、確認偏誤和選擇性回憶結合時，你會不屈不撓地朝著目標前進。關鍵是要確保母體裡的種子是正確的，如果種下了錯誤的種子，你就會收穫錯誤的結果。

如果妥善利用，有偏見的解讀和記憶就可以成為強而有力的工具。在各自的世界裡，我們每天都被這種證據所淹沒，社交媒體是一個典型的例子，它讓你處在同溫層，不斷加強我們的信念。我們往往會偏好與自己想法和信念一致的東西，然後排斥與自己不同的觀點。

近年來，媒體明顯已經成為確認偏誤的一個例子。福克斯新聞（Fox News）、CNN、MSNBC和其他媒體經常會根據觀眾的政治傾向，表達一些讓觀眾極度贊成，或者極度反對的觀點。

確認偏誤也能避免一種被稱為認知失調的心理衝突。當一個人接觸到兩種相互矛盾的信念時，就會出現認知失調，這會帶來壓力，讓他們感到不安。確認偏誤有助於避免不一致的看法，並加強我們想相信的觀點。

你的母體是獨一無二的

每個人的母體都是獨一無二的，就好比沒有兩個大腦是相同的，你的母體也是如此。你是自身記憶、經驗、思想、關係、恐懼、野心等等的總和，是獨一無二的。這就是為什麼學習控制母體是一個人的旅程。你不能請別人幫你做這件事，控制母體取決於你，也只取決於你。同時請記住，確認偏誤會嚴重影響你母體的行為方式。

思考一下，一個華爾街的股票經紀人配置了他們的母體，在廣大的金融市場中尋找機會。透過放慢腳步，讓他們的母體找尋機會，他們會看到那些其他人無法察覺的交易。同樣地，想看看那些流浪街頭、無家可歸的吸毒者。儘管他們沒有地方睡覺，也不知道下一頓飯在哪，但他們總能找到辦法弄到下一包毒品。因為他們訓練自己的母體去尋找毒品，而且變得非常擅長做這件事。

這兩類人都活在自己的現實中。他們的母體已經訓練有素，把想法和機會提升至自己的目標水準，而一切的遭遇都證實他們正在朝著這些目標前進。這兩種情況下，他們的執著都變成自身的財產。社會可能對他們抱有不同的評價，但這兩者有對錯之分嗎？或者說，他們是母體影響之下的產物嗎？

我想說的是，你的母體是你的，也只是你的。不論是為了下一支潛力股，還是一袋海洛因，你的母體可以為你所用。**而母體用特定方式看問題的時間越長，你的信念就越根深蒂固，越強烈。**

拿另外一個例子來說，假設你是一名四分衛，在比賽中應該要避開被防守的接球員，還是尋找有空檔的接球員呢？當你訓練自己的大腦去尋找有空檔的接球員時，大腦就會去尋找，而不是去留意那些被防守的接球員。

新手四分衛經常掙扎，因為他們並未在母體植入深度的經驗，但經驗豐富的名人堂四分衛，如喬・蒙塔納（Joe Montana）或培頓・曼寧（Peyton Manning），完全破解了防守這件事。他們相信自己可以控制場上的行動，因為他們的世界已經放慢腳步，讓他們進入了比賽中的母體。

托尼・羅莫（Tony Romo）和特洛伊・埃克曼（Troy Aikman）是兩位經驗豐富的美式足球分析師，他們也是這樣才發現閃電突擊戰術的，他們知道接球者要走什麼路線，甚至在開球前就猜到對方的防守模式。多年的賽場經驗，使他們能夠提前為數百萬觀眾解讀比賽下一刻會發生什麼事。

如果你是一名高爾夫選手，每次揮桿都會過濾掉沙坑、水坑障礙區和界外標記。你清楚地知道自己每次擊球的位置，母體也只會讓你看到自己的目標位置。

母體的使用也會延伸到人際關係上。當你啟動母體，就會開始注意到那些你感興趣的人身上的特質，而不是一直錯過他們。

如果你不要哈士奇、保時捷或者得分路線呢？如果你想專注在找到更多的生意機會呢？在工作或銷售電話中，你會開始聽到一些之前從未注意過的機會，因為大腦正積極尋找這類可能性。你會開始看到賺錢的機會，這些機會其實一直都在，只不過之前沒有被過濾到你的母體。

如果你是一名企業家，你早已訓練大腦去尋找機會，而不是只注意到眼前的障礙。你想方設法把兩個截然不同的服務、產品或關係連接起來，然後找到賺錢的機會。在某種程度上，你的母體會過濾掉所有不適合跟你合作的人，然後把注意力放在最適合你的人身上。想一想，如果你更加專注於此，會發生什麼改變？你的交易品質和數量會上升嗎？你的年收入會提升嗎？根據我的經驗，沒錯，你會。

我非常相信，**你所需要的一切現在已經在你身邊**，只要你能試著去發現。

最佳化你的母體

你的母體已經在努力工作了，但工作的方式是正確的嗎？你想尋找能讓生活變好的事情，還是避開帶來負面影響的壞事？兩者是有區別的。

將你的母體心態轉移到一個更積極的框架中，這樣一來，便能以自信還有前進的動力取代恐懼和焦慮。要做到這一點，有兩件事是必不可少的。

首先，你必須**有意識地提高你的思想品質**。以積極的思想設定你的目標，所以當你達成目標時，會對結果感到興奮，而不是因為避開了這次的風險所以鬆一口氣。

第二，**重複！重複！重複！**

你必須持續且有意識地用你想要的思想來填充你的母體，讓你的信念深入內心，深到你甚至沒意識到它們的存在。然而，母體不會忽視它們的存在，母體會用自己的方式，成為你最大的盟友，幫助你把想法變成結果。透過刻意且重複的感受、話語和想像，設計你的母體。如果你想成功，就要有頑強的毅力。

把步驟進一步分解，啟動母體也來自於準備、收集知識、勇氣、感恩、允許自己失敗、允許自己規劃人生方向等等。另外，**去除生活中的拖延症**。維克多．基恩（Victor Kiam）是美式足球新英格蘭愛國者隊的前老闆和企業家，他說：「拖延是機會的殺手。」反之，**變化是機會的煽動者**。

當你想和一個漂亮的女孩跳舞時，你不能坐在一旁，否則，另一個人很快就會把她搶走，留你在酒吧裡，獨自借酒澆愁。

很少有東西會比錯過的機會更昂貴。錯過的代價是後悔、懷疑，還有一種揮之不去、縈繞在心頭的「早知道」。

英國哲學家法蘭西斯．培根（Francis Bacon）曾經說過：「智者尋找機會，但更多時候，他們創造機會。」

同樣的，多一思考者對機會也是有意為之。他們讓母體隨時準備就緒，並重複練習磨練這個強大的工具。

啟動母體，你將改變現實，並發現「多一個」機會，如果無法學會控制母體的方式，你將永遠錯過這些機會。

第三章 再試一次

不到最後，不見分曉

——尤吉・貝拉（*Yogi Berra*）

一生中，如果想要達成任何有意義的事，你一定要精通「再試一次」的策略。原因如下。

「再試一次」並不是生命中一條孤立的道路，它是一個貫穿全文的概念，與本書中其他策略緊緊相依。

我的核心信念之一是疊加的重要性。當你不斷地「再試一次」時，就會出現疊加效應。當你成功實施「再試一次」的心態，你將為自己創造和疊加更多的勝利。

每一個勝利都會讓你更靠近目標。**把這些勝利疊加在一起，就會為你的人生帶來深遠的改變。**

舉個簡單的例子，當你還是個孩子，第一次試著騎腳踏車時，你騎得很糟糕，對吧？一開始，你可能會依靠輔助輪還有父母親的幫助。

日復一日地練習，你開始學會平衡、前進。最終，你把輔助輪拿掉，你慢慢地開始自己騎腳踏車。不久後，你便穿梭在大街小巷，毫無畏懼。然後你的生命便永遠改變了。

除非你理解並接受「再試一次」那最根本，且能改變命運的威力，不然你無法完全體會為什麼要再多打一通電話、健身時再多做一組、會議上再多認識一個人，或者多學一項技能以鶴立雞群。

當你跟其他人做一樣的事，就會得到跟其他人一樣的結果。當你落實「再試一次」的心態，你便能找到最顯著的個人成長，還有你想要的成功。

相比你的競爭對手，這樣做也會帶給你更多**信心**。這是一個祕密武器，儘管別人可能看不出來，但你會知道你願意比別人多做一點。你渴望比他們再多試一次，這對你來說是個巨大的優勢。

這並不是一個全新的觀念。孔夫子清楚人們心裡的掙扎，於是他寫道：「覺得**自己**做得

到的人，還有覺得自己做不到的人，兩者都是對的。」

孔夫子知道一個人的能力等同於他的自信程度。自信會助長你的信念，讓你知道你值得「再試一次」。

很多人喜歡說自己超常發揮，如果這樣想，你便默認了一件事：你的努力必須要超越你的成就所需。

想要達到比預期更高的成就，你必須完全接納「再試一次」。另一個關鍵是，儘管你可能願意做其他人不願意做的事，**做任何事你都必須要刻意尋找機會**。這樣的心態要成為你的第二天性，當這樣的策略實施了一段時間，它便會成為本能。不用想，你就會去做了。

在更根本的層面上，你必須相信你可以為自己創造一個「再試一次」的生活。這就像是自信，但更像是**創造一個更高層次的自尊**。我常常看到許多人不夠信任自己，他們對自身的限制源自內心，他們把自己變成最大的敵人。

我不相信這種自我限制的心態，我也希望你不要相信，事情其實可以不用這樣。很久以前我就知道**我們都有足夠的智慧，能夠成就自己想要的未來**。但不知道出於什麼原因，大多數人都不去挖掘這個豐富的寶藏。我們接受其他事情，並將這部分的自我阻擋在外。

有時候我們屈就，是因為沒有一個好的榜樣可以效仿，或是經歷過太多困境，所以心智變得異常脆弱。在他人的批評下，我們萎靡不振，拒絕深入探索那些連自己都未曾發現的勇氣和膽量。

有件事應該能讓你感到興奮。當你真的突破自我，你會到達「再試一次」的世界，這裡比眾人隨波逐流的地方還要寬闊。**大多數人都放棄了。他們不願意付出你願意付出的努力，所以也得不到你得到的結果。**

反之，當你到了這個新的地方，在這裡，「再試一次」是常態，而平均法則會站在你這邊。簡單來說，更多的嘗試等於更多的成功。

如果你正在尋找實施「再試一次」的動力，這是一個好的開始。

打破皮納塔

「再試一次」的觀念重要到我想再舉幾個例子。日常生活中，儘管我們已經在進步，卻時常感覺毫無進展。

我最喜歡的例子是「打破皮納塔（Piñata）」。

人生就像在試圖打破皮納塔，這是一個很好的比喻，可以用來說明「再試一次」的影響。人們常在糖果出來之前就放棄，因為從外表完全看不出我們有在取得進展。

舉一個很好的例子，幾年前，我去參加了一個五歲小孩的生日派對。派對中有一個皮納塔，孩子們拿著球棒，戴上眼罩，走上前去並轉了一圈，然後任務是要朝皮納塔揮棒。

前幾個小孩呆呆地站著，他們有點迷茫，不知道要朝哪個方向揮。儘管其他小孩會給一些提示，但皮納塔仍然毫髮無傷，或者說，看起來毫髮無傷。

看到仍然沒有糖果蹦出來時，這些孩子感到些許挫折。但他們沒有意識到，其實皮納塔的內部正逐漸分崩離析。

後來上去的孩子們逐漸更加了解這個遊戲，他們拿著球棒上前，揮向皮納塔。不管他們自己心裡是否清楚，其中有許多人成功對皮納塔造成了一些傷害。

儘管皮納塔看起來固若金湯，但多次揮打造成的疊加效應正在慢慢生效。每打一次，這群孩子在無形中便取得了一些進展，越來越靠近將其擊破的最終目標。所有孩子每打完一次就會期待地尖叫，再多打幾下後，他們意識到這隻紙糊的怪獸正在變弱，不過，皮納塔仍然不會破裂。

所有小孩都敲打過一遍後，媽媽矇住了壽星的眼睛，準備讓他走上前準備揮出他的那一棒。

那個小個子往後拉一步，用最有力的「再試一次」將皮納塔敲得粉碎。

你知道接下來的劇情了，十幾個孩子爭先恐後地享受所有掉下來的點心和糖果。是壽星的最後一擊將皮納塔打開的嗎？絕對不是，是所有小孩的疊加累積讓大家能夠享受美味的糖果，並一起達成目標。

不管是事業、健身或感情，有太多人在糖果出來前就半途而廢。儘管他們確實有在進步，但不一定總是看得出來。

我給你的意見是，持續揮打你生命中的皮納塔。不管是否看得見，你的進展一定比你想像中的大。

這開始聽起來像你的生活了嗎？應該是的。我們都在揮打很多皮納塔，而剛開始的時候，這些皮納塔往往難以打開。

我在本書的一開始就告訴你，你其實比想像中的更靠近夢想和目標，而皮納塔正是最好的比喻。

就像那群小孩，你在生命中一直有**無形的進展**。倒霉的是，大多數人堅持得不夠久，所以無法見證自己的努力帶來結果。

然而，如果知道你真的在前進，儘管無法直接看到證據，你還是會更加專注於現階段的任務和過程，幫助你達成目標。

無形的進展不僅僅是保持信念，它是你獲得的知識，因為之前你在其他事情上的努力也曾開花結果。

當我們真的砸開皮納塔，會感到難以抗拒的興奮。

相信你已經經歷過很多次了，你很清楚這種興奮的感覺。

事實上，皮納塔越難敲開，這種興奮就越強烈。隨著我們不斷敲打，期待慢慢堆積，腎上腺素會開始發揮作用，你的信心因此增長。當你堅持下去，隨著時間越砸越久，你甚至可能會有點生氣。

從皮納塔掉出來的「糖果」，可能是你的幸福、是你的財務自由、是與生命中那個特別的人墜入愛河，或者是你一直想要的夢幻職缺。

都是因為你沒有放棄，你「再試一次」。隨著時間的推移，這些努力不斷疊加，直到你得到了想要的東西。

你必須摒棄那些潑冷水的人，以及所有負面的干擾因素，專注在砸開你的皮納塔。

有時你會感到迷惘，懷疑可能占據你的思緒，你可能會認為自己的目標不值得這些努力。在學會戰勝這些之前，你永遠無法享受皮納塔裡面的美好。

如果堅持的夠久，不光是你，身邊那些持續支持你的人也能共享勞動成果。揮出你的一棒，拿到那顆糖果，需要幾次就揮幾次。生命中還有很多皮納塔等著你去打開和享受。

一位父親和女兒，以及再試一次的力量

我想告訴你，一九九八年四月二十六日發生了什麼事，以及為什麼這個日子對我來說意義非凡。

那時候我是商業界的新人，當晚我有一場演講，對象是我的四十個團隊夥伴。後來的狀況跟我預期的有些出入，那天晚上只有八個人到場。

我當下非常崩潰。

我開始懷疑這個行業是否適合我，開始思考外面的世界是不是更美好，是否有其他更適合我的事。我感到沮喪氣餒，甚至不知道自己是否應該堅持下去。

於是我坐下來與自己交談，有史以來最誠實的一次，我問自己，我有拚盡全力做好能做的所有事情嗎？我有在對的時間做對的事情嗎？當下，我真的需要確定自己是否已經竭盡全力了。

因為我對自己夠誠實，答案是「沒有」。對一個驕傲的人來說，這是很難向自己坦承的事情。很難，但卻是必要的。

更重要的是，我必須面對自己的缺點。在那之前，當事情變得太過困難或棘手，我的應對方式都是逃避。半途而廢對我來說很簡單，太簡單了。

當下我沒有一走了之，而是下定決心再試一次。我要竭盡所能，確保我真的盡力為了這個我選擇的職業付出一切。

逃避和放棄不再是選項之一。我把那個畫地自限的舊身分擱在一旁，蛻變成一個全新的自己。那天和自己的檢討會議，那天拒絕放棄的我，以及那天我決定「再試一次」，堅持到演講結束，這些事情永遠改變了我的人生。

從那天晚上開始，我的努力和心態變成了一種商業生活，為我帶來數億美元的收入。

我還想再和你分享一個例子。

溫馨提示：接下來的故事包含父母的驕傲時刻，如果你們也是為人父母，便會理解我的想法。

當我寫到這裡，我的女兒貝拉（Bella）已經十七歲了。天啊，時間都去哪了？

值得稱讚的是，她最近決定去找一份工作了。貝拉去鎮上的一間披薩店應徵，而且面試的結果很不錯。當他們準備錄取貝拉時，最後一個問題使她陷入困境。

他們問她是否已經年滿十八歲，因為披薩店有提供啤酒，最低的法定年齡要求是十八歲，而貝拉只有十七歲。

面試結束後貝拉立刻打電話給我，她在告訴我這件事情的時候非常氣餒。我也感到很沮喪，為人父母，當你的孩子受傷時，你的心也會跟著滴血。

不過故事還沒結束。

半小時後，貝拉又打來一通電話。她說的第一句話是……

「爸爸，我找到工作了！」

談論別人從你女兒砸開的皮納塔裡面嚐到甜頭時，我無法形容當下我有多開心，同時我也很好奇。

經歷了令人灰心的挫折之後，大多數青少年都會夾著尾巴回家。但當貝拉離開披薩店時，她注意到隔壁的一家咖啡廳。貝拉沒有像大多數求職中的青少年一樣單純地路過，而是走了進去，開始和店長聊天。

聊了幾句後，她發現原來這家咖啡廳正在招人，而且並沒有十八歲的年齡限制，於是貝拉與經理進行了一場面試並當場被錄用。

這就是我可愛的女兒利用「再試一次」，把一次可能的失敗轉變為勝利的故事。

我很難想出一個更完美的例子來說明自我鞭策和「再試一次」的好處。貝拉大可直接放棄，但就因為她努力去多與一家企業交談，所以得到了一份工作，也因此改變了她的生活。

也許最厲害的部分是，她完全是靠自己完成的。

真的是有其父必有其女。

這是我身為父母，一生中最自豪的時刻之一。

運用「再試一次」讓你成為超常者的三種方式

在成為超常者的路上，「再試一次」扮演了關鍵的角色。試越多次，成就就越大。

你需要思考以下三個超常者的原則。

挑戰極限，超越自我

最大的收穫不是來自現在的位置，或者已經去過的地方。**當你把自己推向新的地方和新的極限時，你會獲得最大的收穫和成功**。與你習慣的情況相比，你創造了一個極端的條件，而這會讓你的能力會更上一層樓，新的能力水準也會成為你的新常態。

當你能更加得心應手地把自己推向極端，你會變得更加自信，因為你知道什麼樣的收穫正等著你。

如果你怕把自己逼到筋疲力盡，請不要擔心。並不是說你完全不需要休息，不過**我發現大多數人會感到疲勞，是因為做太少事，而不是太多**。

大量的活動會產生能量，而我們以這種能量為食。就像電池一樣，如果長久不用，能量便會逐漸流失。

但當你使用自己的能量時，就會產生更多的能量。當你產生更多的能量，便可以到一個更極端的地方。一旦到達那裡，你就能看到它、感受到它、觸摸到它，並理解新的能力水準能為你帶來什麼。

認識我的朋友現在應該都知道為什麼「全力以赴」一直是我的座右銘了吧。這三十年來，我一直謹記，**把生命發揮到極致，會創造一個新的極端水準。這個極端的水準讓你超越自我，也是你成長的最大助力。**換句話說，當你「全力以赴」時，你也將「最大化」你的收穫。

勝利是一場數字遊戲

想要成為一個超常者，你需要在所有方面都創造更好的數字。成功很大一部分取決於：你是否能夠堅持並重複執行一些基本的任務。**你必須學會把簡單的事情做好。**你必須執著於完善整個流程，直到能夠創造出一個足夠大的數字，足以得到你想要的。

超常者不單以品質「或」數量的角度思考問題。**他們以品質「和」數量的角度思考問題。**

老虎伍茲每天練習高爾夫二到四小時，他並非單單把動作做完而已。他堅持要用正確的方式擊打每一顆球，每次都是同樣的上桿、同樣的擊球、同樣的送桿。

如果你有看《最後之舞》（*The Last Dance*），一部關於麥可喬丹和芝加哥公牛隊的紀錄片，你會看到喬丹多努力地督促自己，你要嘛跟上喬丹的訓練水準，要嘛很快就出局。喬丹被記入籃球史並非偶然，他清楚明白一件事：必須努力累積練習的次數，這樣你才能在各種比賽中取得勝利。

成就最高的人往往把「再試一次」融入生活。正如我所提到的，上升到一定的水準後，競爭對手便會減少，你就會有更多贏得比賽的機會。

也許你的生意有時能夠順風順水；也許你尚未把「再試一次」的優勢發揮到極致。每個人都會經歷高峰和低谷，但你不應該在低谷中流連太久。你會知道自己有沒有付出最大的努力，也會知道自己有沒有竭盡全力為事業打拚，你心裡非常清楚。

或許你可以逃避自己，但你不能逃避數字。

數字白紙黑字地清楚反映你的努力，要比較每月或每年的銷售量、電訪次數和其他指標非常容易。記錄健身的頻率、組數、次數、重量，或是每週跑步的距離，這些對你來說應該都是毫不費力的。

當你沒辦法比競爭對手創造出更好的數字，或者無法超越過去的自己時，你便會喪失主導權。

一切都是從無到有

起初，上帝創造天地。地是空虛混沌，深淵上面一片黑暗；上帝的靈運行在水面上。上帝說：「要有光」，就有了光。

——《創世記》*1:1-3*

有些神學家把創世紀解讀為上帝憑空創造了整個宇宙，祂從完全的虛無中創造萬物。我碰巧也是相信這件事的人之一，我會在第十八章〈再禱告一次〉中深入介紹我的信仰。這種信仰被稱為「虛無創造論」，也是宇宙起源的答案。虛無創造論認為，物質不是永恆的，而是被某種神聖的行為所創造，而往往大家都認為創造者是上帝。

那你該如何把這個道理運用在生活中呢？**當你逼迫自己淨空內心的一切，所有東西都將會在此刻被創造出來。**

當你淨空內心，就是在騰出空間給新的體驗、目標和努力。李小龍說的一句話恰好呼應了這個觀點：「傾空你的杯子，方可再行注滿。」

我並不是要你把自己逼到精疲力盡，你也永遠不該讓自己精疲力盡。我所說的是永遠都要「再來一次」，當你這樣做時，就是在清空自己，也就是到達了一種「無」的狀態。

而你已經準備好用更優秀的能力來武裝自己了。

讓「再試一次」的力量為你所用

人生不會雙手為你奉上機會。

你需要成為那種走出去為自己創造機會的人。不要等待！要積極進取，要知道「再試一次」不用太過完美，「再試一次」只需要你努力去嘗試。**逃避「再試一次」其實只是在掩飾內心的不安。**

儘管沒有完全得到你需要的東西，但當你「再試一次」，下次就不會是從零開始了。因為有先前的經驗，所以你也更有機會得到更好的結果。

當你「再試一次」，你的能力也會達到新的水準，而這些新的水準會讓你更有動力前進。越頻繁地「再試一次」，就越容易取得勝利，因為只要做得夠好並全力以赴，勝利通常都是數字遊戲。此外，記住一點，當你嘗試過一切的可能性，並給出一切，你將為生活創造新的可能性。

「再試一次」的關鍵是要**刻意**去做。你必須做好準備，保持專注，然後踏出接近理想生活的每一步。

這絕對不是一件容易的事，你需要**暗自下定決心**並堅持到底。

或者，正如瑪麗．安妮．拉德馬契（Mary Anne Radmacher）曾經說過的：「勇氣並不總是大聲的咆哮。有時候，勇氣是在一天結束的時候，輕聲一句：『我明天再試一次。』」

第四章 「多一」以及時間管理的五大原則

智者視每日為新生。

——戴爾・卡內基（*Dale Carnegie*）

一分鐘有六十秒，一個小時有六十分鐘，這是每個人都接受的概念。大部分的人也都相信一天有二十四個小時。

你可能會想：「一天有二十四個小時不是理所當然嗎？因為實際上一天不就是二十四個小時嗎？」

成功人士和多一思考者可不這麼認為。反之，如果我說你能管理，甚至操控時間以最大化你的優勢呢？這聽起來怎麼樣呢？多一思考者不認同一天是二十四小時。

我會告訴你我們如何把二十四小時當做三天來用。這聽起來可能很瘋狂，但並非如此。如同前面提到的其他概念，這個原則陪我走了二十多年，它對於我現在的成就功不可沒。搭配其他的時間管理原則，它讓我的時間和生產力都翻了三倍。

多一思考者對時間的感知與他人不同，現在我將教導你如何做到同樣的事情。

你與時間感知的關係

時間是一個常數，但我們卻把時間視為變數。你是否常常聽到以下的交談內容？

「天啊！今天也太漫長了吧。」

「這個月過得好快喔。」

還有我個人最喜歡的……

「不敢相信這周已經結束了。」

根據我們的經驗、年齡、現況、休息時間和忙碌程度，我們對時間的感知會不斷改變。**科學家將這種狀況稱為心理時間，與鐘錶時間完全不同。**心理時間是感受上的時間速度，鐘錶時間則是由牆上的計時器計算出來的常數。

時間是我們存在的基本要素，也是我們感知周遭世界的方式。大腦處理記憶的方式、當下的感覺和對未來的預測，這三點會形塑對自我的認知。神經學家、語言學家、心理學家及認知學家已經研究時間感知好幾百年。

研究人員知道**每個人的時間知覺是獨一無二的，也不會只取決於單一的感官系統**。而時間感知是一個混合的系統，與大腦皮層、小腦和基底核皆有關係。

這裡的重點是，**如果你知道自己可以改變對時間的感知，你就可以讓時間為你所用。**

時間是最珍貴的資產

時間比金錢更值錢。錢可以再賺，但時間過了就過了。**你的時間是有限的。**把日曆往回翻不會讓你從四十歲變回三十歲。

歷代的作家、藝術家、編曲家和詩人都曾對時間提出浪漫的見解。

時間與耐心是兩大最強戰士。

——列夫・托爾斯泰（*Leo Tolstoy*），《戰爭與和平》

時間流逝是智者最大的痛

——但丁・阿利吉耶里（*Dante Alighieri*）

關於時間，最單純同時也是我最喜歡的想法源自班傑明・富蘭克林（**Benjamin Franklin**）。他說：「時間就是金錢。」當時間結束，你不會有重來的機會。你無法讓時間倒流。然而，這個最珍貴的資產卻經常被操縱。

心理時間是我們感受到的時間，一些由大腦解讀的變數也與心理時間直接相關。隨著年齡增長，大腦處理圖像及感知圖像的速度都會下降，這是自然衰老的過程。視覺和大腦的可塑性會下降，傳遞訊息的神經通路會退化，這些改變讓我們感覺時間正在變快。之前一個不到一秒的動作，現在可能需要花上更久的時間。每一天，我們都會失去這幾分之一秒的時間，成千上萬次。

還有一些其他無法控制的變數。當我們的身體感到疲憊，大腦會無法快速傳遞和處理訊息。疲憊的大腦無法清楚辨識並理解我們所看到的、聽到的和感受到的一切。**我們的反應時間變慢，這會給我們一種時間變快了的感覺。實際上，只不過是相對於這個世界，我們變慢了。**

這就是為什麼沒有充分休息的運動員在場上表現不好。他們處理訊息的能力被打亂了，失去對時間的感覺。他們無法有效率地看到或處理賽場上的突發狀況，這也是為什麼有時候NBA的最佳射手也會二十投四中的原因之一。

心理創傷、藥物使用、強烈的恐懼感或震驚感、過動症、自閉症、憂鬱症、精神分裂和其他因素，這些都會大幅改變我們對時間的感知。

時間管理的五大原則

過去二十年，我一直沉迷於最大限度地利用時間以達成目標。我很早就發現，**你必須尊重時間的本質**。成功人士往往會把這件事當作成功的基石，包括我。

如同其他的變數，**你與時間的關係和人生的成就息息相關**。我嘗試過各式各樣的時間管理策略，我曾經從我認為有道理的哲學理念中萃取精華，最終，我開發了自己的系統，我稱之為時間管理的五大原則。如果你可以應用並掌握這些原則，你將更加成功、賺更多錢、做事更有效率、更加幸福美滿並打造你本應享受的生活。

讓我們來看看這五大原則吧！

一、一天當多天用

多一思考者應該把一天二十四小時的觀念擱置一旁。網路、智慧型手機、無線技術、電腦化汽車、噴射機、衛星，在擁有這些讓我們以光速走遍各地的工具之前，二十四小時的工作制沒什麼問題。

我們可以瞬間發送電子郵件，不論身處何地，我們可以和幾十或幾百人進行電話會議。以前我們去圖書館翻閱百科全書，現在只要用谷歌搜索任何東西，就能在幾秒鐘內得到答案。

我們完成任務的能力已經呈指數性增長，獲取資訊、與人交流、出差旅遊這些都可以在頃刻之間完成。所以，如果你想有所成就，**一天二十四小時的觀念已經過時了**。在我的世界裡，以及所有多一思考者的世界，一天二十四小時的概念再也不適用了。

我們現在用五分鐘、一小時或一天完成的工作，比起一百年前的一整個星期或一個月都還要多。**壓縮時間的能力，是我們用來管理和操縱時間的能力**。猜猜看這跟你的目標有何關聯？現在的狀況讓你的目標離你很近，前所未有的近，靠近終點時，你會自然而然地加速。這是你可以付諸實踐的心態，非常有效，我已經這樣做了二十多年，所以我知道這個方法是有效的。

有時你會有這樣的一天，一切的一切都按部就班。你在四五個小時內完成大量的工作，並且比正常情況下更具生產力。或者你曾有過一天，完成的工作量比過去的一整個月都還要多。**如果你每天都能複製這股衝勁呢？**

方法是這樣的。

不要把你的一天當作一個時間單位，**而是將醒著的時間分為三等分，或稱為迷你日**。對我來說，我的「第一天」是從早上六點到中午十二點。「第二天」是從中午十二點到晚上六點。而「第三天」是從晚上六點一直到午夜。**當你過著一週七天的生活時，我過著一週二十一天的生活**。

把每一天變得更短，我的頭腦就會認為每分鐘都更有價值，進而增加我使用時間的效率。我不會浪費時間，因為**每件事情對我來說都更加迫切**，我更加專注於「今天」要完成的事情。藉由這樣的策略，我把工作、人際關係、生產力、健身和娛樂都壓縮成更短更密集的時間段。**我把終點線縮短，所以經常會有那股最後衝刺的幹勁**。

不要忘記你的生活仍然處在一個平衡點。你還是會為生活的各個部分騰出時間，你所做的只是**把一天中無用的、被浪費掉的空氣擠掉而已**。一開始，這可能會讓你感到害怕，但如果你試著去做，舊的壞習慣將被有效率的新習慣取代。你會進步得更快，且更有能力掌握時間。

如果用這種心態過生活，想像一下最讚的部分：每週二十一個工作天，持續一個月、一年或十年的疊加效應，或者你的整個餘生。現在試著跟你的競爭對手相比，他們的日子是二十四小時為一單位。當別人覺得自己過完一年三百六十五天時，在我看來，我已經過了一千多天。

你覺得誰比較有優勢呢？相信你心中已經有答案了。

我是一個活生生的例子，證明這個策略可以為你帶來的效益。到目前為止，我的結果真的很不錯。

二、更加迫切地運用時間

德國哲學家叔本華（Arthur Schopenhauer）曾經說過：「一般人毫不在意時間的流逝，有才華的人則把時間當做生活的動力。」你想成為一般人，還是一個有才華的人？

根據我的經驗，緊迫感是關鍵。你會跑得有多快，跟你與終點的距離有直接關係。

如果你觀察比賽中的長跑運動員，為何他們總能在比賽的最後一圈創下最快紀錄？在四十二·一九五公里的馬拉松比賽中，你穩健地慢慢前進。快接近終點時，腎上腺素開始作用，於是你找到另一個動力，你會推自己一把，因為距離任務完成已經不遠了。身體會產生腦內啡，讓你感受到一股溫暖正向的衝勁。

現在想想一百公尺短跑。一百公尺短跑是從開始到結束都要馬力全開的衝刺，你會用最急迫的心情對待這場比賽。一百公尺短跑想要做到最好，你需要轉換心態，你的身體和大腦對不同的刺激會有不同的反應。

人們失敗的原因並不是缺乏遠見，而是缺乏衝過終點線所需的憧憬。

深度知覺會影響你的能力，這種能力能夠喚起一股緊迫感，讓你拿出更好的表現。當目標離你比較遠的時候，你會朝著目標慢跑；當目標近在咫尺，你會全力衝刺。

下面是另一個例子。你是一個學生，學期初的時候老師分配給你一個重要的報告，截止日期是學期末，你會立刻著手準備這個報告嗎？大多數人會打開巡航定速模式，悄悄地把這件事放到腦後，並告訴自己以後會處理這個報告，直到截止日期慢慢逼近。

有時候，恐懼、擔憂、害怕、「我討厭大學」和「我隨便當個酒保就好了」，這類的情緒還有想法開始出現。但是，如果你有這股緊迫感，能夠盡快攻克這個報告，那麼那個若隱若現的陰影，那個妖魔鬼怪，那個你所面對的野獸，便會消失殆盡。

如果把這種思維運用在每一天、每一周、每一年或者每一件事上，你就會完成更多的工作，享受別人夢寐以求的成就感。

三、學會控制時間，而不是讓時間控制你

當你運用緊迫感管理時間，你會是時間的主人而非奴隸，領先一步往往會讓你更能掌控時間。你有一種緊迫感，對於更重要的事情也更有發言權，這讓你能夠花更多時間在對你來說有意義和有價值的事情上。

從早上起床的那一刻起，就應該有掌控時間的心態。如果心態正確，甚至在早上下床之前你就會開始掌控時間。當你醒來，大腦已經開始計畫你的一天，**你是否有意識到自己一天**

中的第一個想法是什麼？一天中的前三十分鐘是至關重要的。

想想英國政治家切斯特菲爾德伯爵（Lord Chesterfield）曾說過的「即時」之言：「運用好每一分鐘，那你將不會浪費任何一小時。」

一天中的前三十分鐘會決定接下來幾個小時的基調，這代表你要遠離手機、電腦、電視或任何其他資訊來源，這些資訊會分散你對重要事物的注意力。反之，利用這三十分鐘來計畫你的一天；回顧之前的會議、電話和專案；決定事情的輕重緩急、冥想、禱告、伸展、試著尋找內心的平靜、重新確定你的標準，並更新你的目標。

一天中，在腦袋被生命中的人、事、物塞滿之前，它是有機會可以保持專注的。大腦會意識到你有主導權，而不是被這個世界控制著。你更能充滿自信，並帶著你的目標開始新的一天。

當然，一天中總是充滿各種意外和改變，你只能隨機應變。不過，當你不需要處理這些意料之外的事情時，就更能掌控生活，並朝著目標前進，而不是接收一些無意義的資訊。

換句話說，**請決定你的一天要怎麼過，否則你的一天會幫你做決定。**

四、經常評估你的績效

評估自己的績效會讓你進步，詳細評估績效非常重要。從吉格．金克拉（Zig Ziglar）到彼得．杜拉克（Peter Drucker），每一位優秀的激勵和組織專家都把這一想法納入他們的策略之中，原因很簡單。

績效評估是有用的。

當你把一天的時間單位縮小，並增加緊迫感，你也需要增加績效評估的頻率。如果不花時間評估績效，就需要花時間修正方向，而這往往更沒效率。

請確保你評估的項目是正確的，要清楚自己的目標，優先事項和標準。要理解它們是如何相輔相成的，不只要學會發現弱點，還要學會如何找出弱點的潛在原因。

加利福尼亞大學洛杉磯分校（University of California，Los Angeles，UCLA）籃球隊的傳奇教練約翰．伍登（John Wooden）曾說：「如果你沒時間把事情做對，那何時才會有時間再做一次呢？」伍登在某些方面是個老頑固，他堅持把事情做對，就連他的球員繫鞋帶的方式也是。多年來，他對球隊的每一個戰術和走位進行微調，他只接受一個標準，幾乎每天都會做績效評估。

假設你的目標是五分鐘跑完一公里，提高百分之五十的銷售業績，或者增加五萬美金的收入，如果不查看數據，你要怎麼知道自己是否達到了這些目標呢？如果不這樣做，你就只是在丟飛鏢，然後希望自己可以射中目標。

一般人一年評估自身的績效一到兩次，不過對於多一思考者來說，只許下新年願望是遠遠不夠的。成功人士每月甚至每週都會衡量自己的表現。

你會在星期五的晚上總結一週所做的事嗎？你會在週日晚上規劃下週的的行程嗎？成功人士，也就是多一思考者，他們每天都會經歷這個過程。

除了每日績效檢測外，甚至還有另一個層次。最精英的人們有一個內部機制，會在緊急的情況下被觸發，他們每小時都會衡量自己的表現。我把自己訓練成能夠做到這一點，老實說，雖然聽起來很困難，但這樣的紀律讓我受益良多。

思考看看誰會有更好的表現。經常評估自身績效的人，還是幾乎不會評估績效的人？你也已經知道這個問題的答案了。

五、專注在未來

太多人沉浸於過去，這抹殺了他們當下的生產力，也奪走了他們對未來的規劃。**過去已經永遠過去了，但在你放手之前，過去是一個小偷，偷走你做夢和想像的能力。**你需要花點時間思考未來，因為那是你正在前往的目的地。你同時也需要關注當下，因為這是建立一個更好未來的方式。

許多人陷入一個死循環，想著「如果」某件大事不一樣，像是家世、外表等等……他們今天的生活會有什麼不同，每次看到這樣的狀況都讓我快要瘋掉。**那些想要擺脫不好的關係，或者試圖遠離不良家庭氛圍的人，特別容易受制於過去的想法。**

這並不代表你要對過去的創傷置之不理，你需要找到一個方式處理它然後向前邁進。如果做不到，你只是在傷害自己和那些你在乎的人。

反過來說，就算曾經有幾分成就，不管是名校的高學位、升了一次大官、結婚等等……也不要沉溺於這個過去的陷阱。這些事情固然美好，但如果過度滿足於這些榮譽，你仍然沒有活在當下，也沒有在建立一個更好的未來。正如可可．香奈兒（Coco Chanel）曾說過的：「**不要浪費時間敲一堵牆，並期待它會變做一扇門。**」

多一思考者有一種與生俱來的能力，他們能夠花時間去想像未來，同時也能在當下採取關鍵的行動，去塑造理想中的未來。

改變他人對你的看法

當你把時間管理的五大原則融入生活，別人對你的看法也會改變。**當大家看到你不再浪費時間，他們也會開始不浪費你的時間。**他們會看到你不再花太多時間去處理別人的事，因為你十分專注於處理自己的事。

在職場上，你需要妥善對待這個問題。找到一種方法，讓老闆的目標成為你的目標，並將兩者合而為一。

你的朋友、家人和同事都會明白，你在人生中處於一個主動攻擊模式，而不是被動防守模式，他們會尊重你，而你與他們的關係也將改變。這是改變人生帶來的額外好處，因為你新發現的時間管理技巧，實際上是新發現的人生管理技巧。

除此之外，當你改變對時間的態度，你會認識一些志同道合的新朋友，並開始新的冒險旅程，在這之前，你會以為所有的一切都只是妄想。

最後，讓我以查爾斯・達爾文（Charles Darwin）對時間的想法做個收尾：「膽敢浪費一小時的人，必定未曾發現生命的價值。」

不要再浪費時間了，開始把時間變為你的優勢，並繼續做生命中那些重要的事情。

第五章　再一份情緒

未被表達的情緒永遠都不會消失。它們只是被活埋了，有朝一日會以更醜陋的方式爆發出來。

——西格蒙德・佛洛伊德（*Sigmund Freud*）

愛與恨、快樂與憂愁、平靜與憤恨、幸福與暴怒。

為什麼理解情緒如此重要？我們要如何利用情緒來掌控自己的生活？因為我們生活的品質與情緒的品質息息相關。

給我一個經常感到幸福、快樂、愛、和平和激情的人，我會讓你看到一個過著美好生活的人。給我一個被仇恨、悲傷、憂鬱、憤怒和焦慮主宰的人，我會讓你看到一個日子苦不堪言的人。

決定這些人生活品質的不是房子、汽車或其他物質層面的東西，而是他們情緒的品質。**你住在一個情緒的家，你用什麼樣的情緒填充這個家，會決定你的生活，而這比其他任何東西都重要。**

每一天，我們所有人都會在這個家經歷固定的五六種情緒，而且無論你的生活條件如何，一定會有這些情緒。**我們每個人都必定會回到這個情緒的家，儘管這些情緒對我們沒什麼好處。**

你是否有注意到，不論生活中發生什麼事，你總是會有一些特定的情緒？例如，你可能會尋找擔心的情緒、不安的情緒、恐懼和焦慮的情緒。不一定是因為你想要這些情緒，而是因為這些情緒是你所熟悉的。**你的頭腦總是會尋找熟悉的東西，因為這對它來說是某種程度的安慰，即使這個熟悉的東西對你沒什麼好處。**大腦中的突觸（synapses）就是用來尋找和發現這些情緒的。

你住在那個情緒的家，事實上，如果想要改變人生，你必須打掃並改變這個情緒的家。

這並不是說所有情緒在世界上都沒有安身之處。我們所追求的正面情緒，和我們試圖去避免的負面情緒其實都是是一種謬誤。**不管怎樣，所有情緒都能為我們所用。**有時焦慮和幸福快樂一樣重要，因為焦慮是大腦用來保護我們的警告系統。

在許多情況下，我們所認為的負面情緒也會起到重要的作用。不要把情緒當作積極的，也不要當作消極的，情緒就是情緒。

不管是消極的那面，還是積極的那面，你都應該刻意管理你的情商（emotional quotient）。**任何過多的情緒，太正面或太負面，對你都不會有好處**。不論生活中的外在因素為何，例如從事特定的工作、住在特定的房子裡、或者開著特定的車，你的目標應該是在情緒的家中感受特定的情感，

令人驚訝的是，當你整理好情緒的家，就更有可能得到想要的工作、房子和汽車。有太多人認為，如果他們得到想要的東西，就會有達成目標的正面情緒。多一思考者則把這個順序翻轉過來。

多一思考者每天、每週、每月和每年都會主動把情緒的家整理好，並決定他們最想要體驗的情緒。**作為一個多一思考者，問問自己：「我最想要體驗哪五種或六種情緒？」**

當你這樣做時，大腦中的網狀活化系統就會為你尋找能創造這些情緒的環境。一旦啟動，有害情緒就會退散，取而代之的是正面情緒，而這將會帶來一個最好版本的你。

了解情緒的DNA

越了解情緒的起源和關係，就越能遠離消極負面的情緒，並用積極正面的情緒取而代之。**情緒是個性的原動力，它們嚴重影響你每天做出的數百個決定。情緒很複雜，有時也難以預測，甚至可能會以你預料不到方式，在預料不到的時間冒出來。**柏拉圖（Plato）說：「人類行為有三個主要來源：慾望、情緒和知識。」慾望和知識是我們在生活中接受刺激後獲得的東西。

情緒則不太一樣。我們生來就是情感動物，我們的情緒也在不斷發展，每個人情商的複雜程度都是獨一無二的。情緒會引領我們的行為，並創造一部分形塑出我們每個人的DNA。科學家知道，情緒被編入我們的DNA，作為對外界刺激的「低等級」反應。我們認為，情緒是為了應對不同環境和威脅而發展出來的，最有名的例子就是「戰鬥或逃跑反應（Fight or Flight Response）」。

我們的情緒來自大腦皮層下的區域，包括杏仁核（amygdala）和前額葉皮質（ventromedial prefrontal cortex）。**情緒被觸發時會產生化學反應，直接影響一個人的身體狀態。**杏仁核也會對神經傳導物質發揮作用，神經傳導物質對創造記憶至關重要，但我們不需要太深入，只要知道這就是那些情緒激動的記憶更歷久彌新的原因就好了。

所有情緒都有其使命

如同正面情緒，負面情緒也是一個珍貴的訊息來源，讓你了解周遭正在發生的事。負面情緒讓你發現威脅，並對潛在的危險保持警惕。**負面情緒是必要的，幫助你看到事情的兩面。**

雖然恐懼和焦慮被視為負面情緒，但當你意識到它們的存在，恐懼和焦慮也可以成為你採取行動和改變生活的刺激。如果駕馭得當，負面情緒能夠幫助我們解決問題，和糾正錯誤的行為。

內疚感與我們的道德羅盤（moral compass）綁在一起，當我們內心感到內疚時，會懲罰自己，因為我們覺得自己做錯了。內疚感讓我們遠離壞事，像是犯罪、出軌、逃漏稅或酒駕。

一樣的道理，羨慕有時被稱為良性的嫉妒，這種良性的嫉妒讓我們相信，如果別人可以完成目標，像是拿下高分或者創下銷售業績，那麼這些目標對我們來說也是切實可行的。**當你能把嫉妒對象當成可實現的目標，嫉妒也可以是一件好事。**

關鍵是要控制好負面情緒。當我們陷入負面情緒的無限循環，就是陷入麻煩的時候。沉涵於負面情緒會傷害我們的思考能力，尤其是當這些負面情緒極度強烈的時候。

你就是你的情緒，如果不刻意了解如何與情緒相處，並朝著想要的情緒前進，你就會過著跟以往一樣的生活。**一旦學會分辨情緒，你便不會任它們宰割。意識到情緒的存在，代表你正在取得控制權。**

作為一名多一思考者，當你取得控制權，就可以開始用有益的情緒取代有害的情緒。新的正面情緒會使你精力充沛，幫助你制定新的目標及方向。當你充滿自信和快樂，而不是懷疑和絕望，你會發現生活中那些重要的事都變得更加輕而易舉。

想像一下，如果可以重建你的情緒架構，一次一種情緒就好，像是讓你成為百萬富翁、買下夢中的房子或找到靈魂伴侶，聽起來如何？讓夢想成真的一個重要步驟是：將「做不到」的心態翻轉為「做得到」。

為什麼要壓抑你的情緒

的確，改變對情緒的心態是一項挑戰。當你已經習慣避開痛苦，尋求慰藉的思考方式時，你會需要克服一些心理障礙。**通常，你在生活中採取行動，是因為你認為這些行動會帶**

來特定的情緒反應。買花給妻子或女朋友，是因為你想表達對她的愛，並感受到她們「愛回來」。在沙灘上散步，或者獨自在公園裡健行，因為這是讓你放空和找尋平靜的方式。拚命工作以達到年終目標，因為你想被認可並感到自豪。

情緒比感覺更強烈、更持久。感覺是情緒的反應，感覺更加短暫，本質上也更淺薄。情緒反應有更深層的含義，也可以透過外在線索來衡量。當孩子從部隊中回家時，哪個母親不感到激動？如果你和配偶吵架，有時他們會沉默，但他們的肢體語言會透露出所有你需要知道的線索。甚至有研究表明，壓抑不健康的憤怒與癌症有所關聯。

如果沒有正面的情緒相伴，負面情緒會帶來無止盡的循環。反覆的消極思考會增加大腦的壓力，讓我們的身體充斥著壓力荷爾蒙皮質醇（Stress Hormone Cortisol）。這可能會讓我們感到憂鬱、暴飲暴食，或者導致藥物和酒精濫用、高血壓和心血管疾病。

雖然你只想擁有正面的情緒，也只想經歷正面的情緒，但事實是，所有情緒都是完全正常的。這代表憤怒、恐懼、厭惡、悲傷、輕蔑、羞愧、內疚和其他我們認為的負面情緒，都和驚喜、快樂、滿足和寬慰一樣正常。**當你試圖壓抑感受到的負面情緒，只尋求也只允許正面情緒的存在，反而會破壞一種微妙的平衡，並造成問題**。

壓抑情緒會讓你難以區分現實和想像；還會讓你情緒雜亂，影響生活中每個部分。你遇到過快樂到離譜的人，也遇到過永遠都是低氣壓的人，這兩種人可能都很難相處，因為他們為了保護自己真實的情緒，躲在一個情緒雜亂的環境中。

整理你的情緒

以對自己有利的方式整理情緒，是一個刻意的過程，記住，你的行為可能會帶來特定的結果，但同樣地，**你會想要這些結果附帶的情緒**。

人們總是刻意地做出行動，但我們很少花時間去思考這些行動所附帶的情緒。要做到這一點，我們必須進一步檢視我們想要的，並且，我們必須誠實坦率。《富爸爸，窮爸爸》（*Rich Dad, Poor Dad*）的作者羅伯特．清崎（Robert Kiyosaki）說過：「情緒使我們身為人，情緒讓我們變得真實。情緒這個詞源自動作中的能量。誠實對待你的情緒，讓你的思想和情緒為你所用，而不是被情緒掌控。」

人類是每天生活在一起的情緒綜合體，這些情緒建造出我們情緒的家。就如同任何一個家，你的情緒之家或許並不完美，但一定很舒適。

不論外在環境如何，我們之中有些人確實充滿了正面的情緒。在情緒的家中，我們經常感到幸福、滿足、自豪等等；但其他人的家則是充滿怨恨、憤怒、不信任、憂鬱和壓力。這些討厭的情緒在家中肆意妄為，難以控制。

而且這些情緒還會傷害我們。

如同那些待得太久的房客，**久而久之，對於這些情緒帶來的影響，我們變得麻木不仁。**它們成為我們的生活方式，更糟的是，出於天性，我們會去追求想要的事物，而忽略自己的情緒。因此當我們失敗時，這些壞情緒就會不斷滋生。

整理情緒意味著趕走這些討人厭的房客，這樣你就有空間邀請其他更正向、討喜的房客入住，而且是長期，甚至永久的入住。

邁向誠實並找到意圖

多一思考者必須做出選擇，改變有害的情緒。當你這樣做時，情緒的家也會發生變化，實際上，這有點像是搬到一個全新的地址。

僅靠採取行動來獲得你想要的東西是不夠的。我們都聽過這樣的故事：有些人賺了大錢，住在千萬豪宅，也坐擁百萬銀行帳號，但同時過著充滿麻煩和悲慘的生活。他們生活在恐懼、貪婪和不信任之中。

他們掉入了一個陷阱，認為財富等於幸福。但問題是，他們並非有意識地選擇快樂，有意識地去練習感恩，或者主動做一個善良慷慨的人，他們沒有那個意圖。此刻，儘管他們看似金玉其外，但除非他們克服那些壓倒性的負面情緒，否則最終也只會敗絮其中。

捫心自問，如果可以選擇銀行帳戶裡多出一億美金，但生活從此不再平靜，你會做出這個犧牲嗎？**對你來說，快樂和幸福值多少錢？**那麼，如果可以選擇在銀行帳戶裡多出一百萬美元，但你感到完全滿足，生活中都是愛你的人和你愛的人，每晚，你都期待明天的到來，你會選擇這樣的生活嗎？

如同我之前說過的，改變情緒是一個主動的行為，**同時也是履行誠實的行為。**正如同暢銷書作者特蕾莎．班尼迪克（Therese Benedict）所說：「當你足夠坦承，你的生活也會是真實的。」如果你對自己都不誠實，別人怎麼可能會期望你對他們誠實呢？誠實和意圖是你能給自己最好的兩個禮物。**誠實是一個跳板，每種情緒都源自誠實，意圖則是讓你得到這些誠實情緒所需的肌肉。**

幸運的是，如果正確設定標準和目標，你不僅可以擁有一億美元的戶頭，甚至還有正向的情緒、平靜的內心伴你左右。

讓你的家充滿正面情緒

有一些行動能夠主動重塑你的情緒心態。如果能做到以下幾點，你就更能有機會邀請正面情緒到你的家中作客。

冥想。當你放慢大腦，集中精力並專注於你想要的東西時，大腦會參與其中，並讓你更加接近目標。當你有意識地決定要釋放憤怒或恐懼，也能為平靜與安寧騰出空間。

我每天都會冥想，這是我開始一整天的方式。我清除那些沒有益處的負面想法，試著練習感恩和正面的態度。我專注於今天要完成的任務，然後開始處理優先事項。最重要的是，我往前進，而不是向後退。

尋找平衡點。如果你的人生只有工作，儘管你熱愛工作，為了走更長遠的路，你也要確保自己有充分的休息。任何挫折或負面情緒都會互相堆疊，並造成我所說的情緒雜亂。花時間在那些可以讓生活恢復平衡的人事物，對我來說，可能是打一輪高爾夫球，或是帶我的狗去散散步，這兩者都是我恢復情緒健康所需的放鬆。試試看養成新習慣，設立新目標，定期做必要的保養和護理。

找到你的開關。這又回到了意圖的問題。找到讓你生氣或沮喪的原因，當別人遲到或在最後一刻才取消約會，這是你無法忍受的嗎？有沒有一個特別煩人的同事會讓你起雞皮疙瘩？那些被輕視的兒童問題、政治、稅收或全球暖化是否會讓你火冒三丈？花點心思在你的開關上，有些事情是你可以改變和控制的，但有些事情你也無能為力。控制你的開關，否則它們會把你生吞活剝。

下定決心改變你的思考方式。找出想擺脫的負面情緒，或者你想要的正面情緒，並有意識地朝這個方向努力。就如同《箴言》23:7所說的：「因為他心怎樣思量，他為人就是怎樣。」

當你的內心與思想統一陣線時，你就已經準備好讓「再一份情緒」的力量為你所用了。

第六章 再一段關係

你身邊的人，就是你的天花板。

——約翰．伍登（*John Wooden*）

調整你的人際關係就是給自己一個機會，迎接更好的自己和成就。距離改變你的人生，你或許只差一段關係。

身為多一思考者，你有義務帶著周遭的親朋好友不斷進步，這樣一來，他們也可以為你的思想、目標、標準和成就帶來價值。世界上最強大的力量之一，就是同儕對你的期望，這使你做事更有效率，也讓你的人生幸福美滿。

重點是，你可能會需要改變或擴展你的交友圈。因為**你的核心親友對你來說至關重要**，作為投資自己的一種方式，你必須投資和培養這些人。

人際關係定義了你的身分

你的人際關係直接影響了你的生活，從出生的那天起，你便開始與人建立關係。早期，照顧你的人和家庭就是全世界。隨著你逐漸長大，朋友、同好和同事也成為你的生活重心。**你的一生，就是由這些人際關係所定義**。有些人為你帶來巨大的價值；其他則是完全的浪費時間。

思考一下詩人約翰・多恩（John Donne）寫下的詩句：

無人能夠自全，無人是為孤島，
每人都是大陸的一片，
是主體的一分子。
一旦海水將之沖走，歐洲便會減小。
不論是你的，還是朋友的，

任何人的死亡，都會減損我，
因為我身為人類的一員。
不知喪鐘在為誰敲響；
它正為你而響。

人際關係將你與世界連在一起，你不是一座孤島，反之，你是人類環環相扣網路的一部分，這個網路根據人際關係塑造出你的身分。也就是說，**與你相處時間最久的人，就是對你影響最大的人**。

雖然對於與親戚之間的關係，你有一些發言權，不過你無法改變DNA。對於那些有負面影響的、霸道的或愛潑冷水的家人，你可以避開或減少與他們的相處。不幸的是，家庭關係很複雜，所以身為一個多一思考者，**請把注意力放在那些你能控制的關係上，也就是你的同儕團體**。

在你的世界裡，同儕團體是最強大的影響因素，對於交友圈，你必須非常謹慎。**為了成功，同儕團體的標準必須與你的標準一致**。他們的標準必須成為你的標準，反之亦然，你的標準也要是他們的標準。

威廉．博克（William J. H. Boetcker）曾說過：「要判斷一個人，先從他的朋友開始。要判斷一群人，先從裡面的人開始。要判斷一個民主國家，先從人民選出的官員類型和水準開始。」

謹慎交友，聽起來也許有些刺耳，**但你就是所有人際關係的總和，而人們會透過你的交友來判斷你這個人。**你的人際關係是整個世界如何看待你的重要依據，這可以對你有利，也可以對你不利。

如果生活中諸事不順，檢視一下你周遭的親友們，你可能會發現一些變質的關係。你已經改變，對方也已經改變，或者時間和距離讓這段關係無法再讓你受益。

對多一思考者來說，當這種事情發生時，就是考慮出去拓展不同交友圈的時候了。

人際關係的靶心

把人際關係想像成由好幾個圓形組成的同心圓，就像靶心一樣。

每個圓形的空間代表生活中不同親密程度的人。越靠近圓心的部分，就越靠近那些與你關係更深層親密的人。

例如，最外面的一圈充滿了每天遇到的陌生人。有可能是在運動酒吧裡，和你看著同一場比賽的隔壁桌客人；或者是想了解你商品或服務的潛在客戶。這些陌生人在生活中不斷出現，然後下一秒就消失了，也不會再遇到他們。一般來說，這些陌生人對你的影響可以忽略不計。

熟人是經常會見到的人，比如附近超市肉品區的老闆，或者小孩朋友的父母。與這些人的閒聊，讓你跟他們的感情越來越深，碰見他們時，你也很享受與他們的日常交流。

一些偶然的關係會拉近你和他人的距離，這些人在你的外圍朋友圈。他們可能是孩子的老師、在家庭聚會上遇到的人，或是同個俱樂部的成員。在有限的基礎上，你把一些社交能量放在他們身上。你樂於與他們分享事情，也滿喜歡這些人的，但與他們的關係就像是隔了一道牆，而且你也不會不顧一切地讓他們進入你的生活。

最內層的圈子很小，僅由幾個每天影響你的人組成。這些人可能是你的配偶、孩子或父母，但也不一定，沒有硬性規定說有血緣關係的人就一定在最內層的圈子裡。**也不是所有終生摯友和家庭成員都能從頭到尾待在內圈裡**，但這也沒關係，你還是可以與這些人很親近。與他們的關係是有價值的，也值得你付出時間與精力。

你的內圈可能會有一位導師，或一個與你一起從無到有的創業夥伴，也可能是一個一拍即合的朋友。有一種信任、承諾和熟悉的連結，讓你們走得很近。而這些內圈關係的發展速度不太固定，有些需要幾年的時間，有些則可能只是幾個月的事情。

與這些人的連結隨時都在變動，當這些關係變質時，就是你需要考慮拓展新關係的時候了。

你就位於這些圈子的中心，**你就是靶心**。生活的本質是，人們進入你的生活，然後他們不是慢慢向靶心靠近，就是慢慢遠離。這可能需要幾年的時間，也可能只需要幾週，但很少人能夠永遠停留在同一個圈子裡。

有一種說法是，他人會因為「一個原因、一個季節、或一生」而進入你的生命，這是另一種解釋方式。**最終，你將看清生命中的每段關係，當一段關係的目的完成後，這段關係就會改變，新的人就會進入你的生命，填補空缺**。

每個圈子裡的人都會影響你的生活，越靠近圓心，就越容易對你造成影響。這些圈子之間的界線是流動的，人際關係會不斷變化，周遭的人會因為生活的變化從一環移動到另一環。時間和環境創造了這種漩渦式的流動，讓你生命中的人不斷地從一個圈子移動到另一個圈子。

近一步檢視你內圈的朋友

生命中的所有圈子或多或少都會對你造成影響，但對你影響最大的就是你和內圈的關係。這就是為什麼當你的內圈有人被淘汰，或者有人加入時，你會經歷重大改變。

想想生活中最親近的一小群朋友，在過去的九十天裡，除了家人以外，哪幾個人與你相處的時間最長？無論是物質財富、事業成就、健身水準、精神生活或者他們的其他情緒，這些人是否有兩三個優點是你極度渴望的？如果你無法快速找出這些優點，那麼這些關係可能無法滿足你的內圈所需。

與這些人的關係仍然能夠為你帶來價值，但為了探討本章的重點，我想側重在能夠改變你生命的人際關係。如果他們沒有你缺乏且想要的東西，為了滿足你的需求，也許是時候重新評估你是否該拓展新的關係了。

反之，如果這些人有你想極力避免的特點，好比說破產、不健康、懶惰和經常生氣等等，那麼你需要立刻評估與他們的關係。儘管他們愛你，你也愛他們，你仍然需要這麼做，因為他們擁有的特質會影響到你能得到的東西。

邀請新人加入你的生命，是一個不斷進行的過程，這些人要擁有你最想要的特質。這就是本章的原理，**與人接近會產生熟悉感，而我們的大腦往往會向這種熟悉感靠近**。

品質優先於數量也是至關重要的，與對的人相處，即使是非常短暫的時間也能帶來重大改變。你們同甘共苦、互相依靠、互相學習。他們發自內心地為你的成功感到開心，而你也同樣為他們的成功感到高興。最親密的朋友成功時，你也會感到與有榮焉。

想想一些著名人士的內圈關係所帶來的成果。史蒂夫・賈伯斯和史蒂夫・沃茲尼亞克（Steve Wozniak）；蒂娜・菲（Tina Fey）和艾米・波勒（Amy Poehler）；華倫・巴菲特和查理・蒙格（Charlie Munger）；冰塊酷巴（Ice Cube）、德瑞博士（Dr. Dre）和尼哥有態度（NWA）；歐普拉・溫芙蕾（Oprah Winfrey）和蓋爾・金（Gayle King）。這類名單真的數不勝數。

偉大的藝術或任何形式的成就，往往是個人的願景，但在內圈朋友們的幫助下實現，也是透過這群朋友把實現夢想的激情帶入生活。

想想一些知名樂團，像是幽浮一族（Foo Fighters）、謎幻樂團（Imagine Dragons）、佛喬航線（Florida-Georgia Line）、年輕歲月（Green Day）、聯合公園（Linkin Park）或是其他在音樂產業大紅大紫的團體。他們都是一群人為一個共同目標奮鬥的最佳範例。

當你和內圈統一陣線，你的世界會開始動起來，困難和負擔都感覺更小了。你的信心增長，感到幸福快樂，散發出積極的氛圍，為生活中的一切人事物帶來正面的影響。

不過，有時候內圈會不再具備你所需的價值，這不是任何人的錯，只是生活發生了變化。一個曾經的好友會突然失寵，或者成為一個陌生人，這一定會令人感到驚訝。

隨著生活變化，你的朋友也會改變。他們的想法和信仰會改變，你將繼續成長，而他們可能不會。當你意識到這一點時，可能會覺得有點悲傷難熬。在內心深處，你會知道自己不得不決定這段友誼的下一步。

生活中人來人往，有的來，有的走。**所有事情都有保存期限**，一段友誼可以仍然保有價值，但不一定符合你最高層次的需求，越早接受這一點，就能越早接受你可能需要拓展新關係這一事實。你必須主動選擇將這些人從內圈移到外圈，才可以找到更有潛力的新內圈。

就好比車子需要定期保養，你的人際關係也是。評估你與內圈友人的關係是否仍然合適，在這方面不要草草了事。**對於那些你最需要的人，你要誠實地告訴自己你希望從他們身上得到什麼**。正如班傑明．富蘭克林曾告誡的：「擇友宜慎，棄之更宜慎。」在今日，這句話也和兩百多年前一樣有意義。

不要輕視這個責任，但也不要因為不想做出困難的選擇，就忽視這件事。多一思考者清楚明白人際關係會隨著時間擴大和收縮，這樣的擴大收縮會帶給「多一段關係」無窮的價值，也為我們帶來應得的生活。

檢視你的內圈

家人之間的關係有時不好處理，在大多數情況下，我們會將一些直系親屬納入內圈的一部分。你無法選擇家庭成員，但你能決定內圈的朋友有誰，而你篩選後的人將會大舉影響你的生活，所以務必仔細斟酌。

對我來說，三到五個好友是最合適的。你的內圈可能更大或更小，**但不要執著於內圈好友應該要有十五人或二十人的想法**。這樣做會稀釋這些關係的品質，而這些關係是你會需要高度依賴的。十五到二十個摯友的感情很難維繫，最後只會把自己弄到精疲力盡。

那些獲准進入內圈的人，會是你生命中的重大決定之一。做出明智的選擇，你的幸福和生產力將會達到一個新的水準；做出糟糕的選擇，你的生活將會水深火熱。

那麼問題來了，你要如何制定進入內圈的門檻呢？

這方面沒有什麼神奇公式，根據你套用的價值觀、信仰和經驗，你會有特定的標準和偏見。你做出的決定有些是基於直覺，有些是基於與某人的過去。無論如何，隨著時間推移，你內圈許可證的標準會自然而然形成。

做決定的時候記得把一些品質問題納入考量。內圈的人應該具備一定的情緒成熟度，他們應該要是快樂的，且具備高生產力，能夠穩定為你帶來正面影響。他們必須是忠誠的，能夠用理性做決定，而不是衝動。

反向操作，回頭檢查你的人際關係。如果你遇到一個知道自己目標在哪的人，那麼身為摯友，作為這段關係的副產品，你也應該有一樣的目標。

不快樂的人在情感上是不成熟的，與他們之間的關係不會帶來正面影響。不論這些人是朋友、同事還是家人，盡可能減少與他們的互動。你仍然可以保持親切並維持這段關係，**但不要被他們的負面漩渦吸進去，最後犧牲的是你自己。**如果被拉進負面漩渦，你會付出很大的代價。

如果你在朋友身上看到厭惡的事情，而且他們死性不改，那麼你應該與這些人保持距離，或者將他們踢出你的生活。我知道這並不容易，但對於多一思考者來說非常必要。

你的內圈也必須有些善良的人。他們要勇敢、溫和、公正和友善，不會因為自己的想法和行為而傷害他人。他們必須品德高尚，兼具惻隱之心，並懂得保護老弱婦孺與身體不便的人們。

內圈的朋友們應該要能夠激勵你，在這些人身邊時，你應該要充滿激情與動力。同時，你會期待與他們相處時大腦釋放的多巴胺。

你也要用自身的標準對待你的內圈。你需要敏銳的商業頭腦、企業家或者懂得分析的人，他們可以補足你的缺點並幫助你實現目標。**跟這些人共同努力，這樣的人際關係會讓你超越自我**。

你的內圈朋友們應該是怎麼樣的呢？想一想哪些人格特質會立刻在你的腦海浮現。你的內圈是否能夠讓你的財務、人際關係、情感、信仰、健康都更加完善？或者是否可以提供你每個人都需要的愛與支持？如果這些人無法提高你的生活品質，那麼他們便無法滿足你的需求。並不是說你們就要斷絕往來，你們仍然可以當朋友，不要因為不符合你的內圈標準，就拋棄一個人，相反的，你要繼續尋找其他符合你需求的人。

重新調整生活中各個圈子裡的人並不容易。當身邊的友人不再符合你不斷變化的思想、信仰和目標時，你需要與他們保持距離，而這樣做帶來的內疚感會讓人難以承受。但有時這是必要的，你只能控制自己的思想和行動，無法控制他人的。**如果周遭朋友的想法和行為與你的目標適得其反，阻礙你過上最好的生活，那麼你就有責任做出對自己最好的選擇**。

如果你不斷在糟糕的關係中徘徊，就無法為更優質的關係，也就是那些會永遠改善你生活的關係騰出空間。你需要接受一個事實，即生命中有些人會被淘汰，有些人會晉級。做出這類決定時，你要同時保持公平與堅定。

梵谷曾說過一句話，是關於內圈能夠為你帶來的好處，讓我把這段話留給你：「摯友是生活中真正的寶藏。有時他們比我們還要了解自己。他們誠實且溫柔，在身邊引導和支持著我們，分享我們的歡笑和淚水。他們的存在，讓我們意識到自己從來不是孤身一人。」

第七章 再一個夢想

放下過去，望眼未來。帶著自信邁向夢想，過上你想要的生活。

——亨利．大衛．梭羅（*Henry David Thoreau*）

小孩子是夢想家，他們用想像力主宰夢想，他們天生就有好奇心。這些特質讓小孩子成為地球上最快樂的人，同時也是最偉大的老師。

進入你的夢想國度

最快樂的那群人從想像與夢想出發，而不是過往。

等一下！請再讀一次這句話，這會是多一思考者最大的收穫之一。想要快樂、成功並具有生產力，就從你的想像、夢想和憧憬出發。

重新調整你的心態並非小事，這需要長時間的密集努力，來打破早已根深蒂固的思維習慣。

如果試圖從過去或回憶出發，那你絕對不可能享受最好的生活，這是不可能的。暫停片刻，讓這句話沉澱一下。

一個孩子給你的教訓

一個四歲的小孩，以及所有年齡層的孩子都過得比較快樂，因為他們活在當下。他們的內心都充滿遐想、幻想和創意。他們不會被過去拖後腿，因為他們沒有過去。

在某個時期，大多數的小男孩和女孩在玩耍時都會假裝自己是蝙蝠俠、蜘蛛人、迪士尼公主或芭比娃娃。他們是無拘無束的思想所帶來的幸福產物，我也相信小孩子過得比我們快樂，是因為他們才剛出生，而這代表他們才剛離開上帝不久。

想想看你做夢的頻率。你上一次假裝自己是蝙蝠俠或公主是什麼時候？你是否經常運用你的想像力呢？我敢打賭大多數的人沒有這麼做，儘管做夢最棒的地方，就是它的成本。

做夢是免費的。

不僅如此，**做夢是我們能夠給自己最大的禮物。然而，幾乎沒有人會好好利用這項能力。**難過的是，缺乏夢想甚至會剝奪你的一切，當我們停止做夢，我們便剝奪了自己在未來創造美好回憶的機會。這其中有個可悲且諷刺之處，隨著年齡的增長，許多人會被過去所拖累。我們在沉重的記憶中掙扎，而這阻礙了我們過上幸福的生活。

你多常做夢？

你有多常想到你的工作，或是老闆對待你的方式？在你的私生活中，你是否曾經淪陷在坎坷的婚姻之中？你的父母、兄弟姊妹或朋友是否曾經傷害或背叛過你？你是否曾經遇到過一連串的健康問題或財務危機？

把過去想像成一個裝滿水泥的行李箱。不管這個行李箱再怎麼重，我們大多數人都不敢將它放下，因為我們只知道要帶著它走。即使你不喜歡這個行李箱，但它給你一種安全感，因為它充滿熟悉的回憶，這就是為什麼你的大腦總喜歡追溯過往。

隨著時間的推移，行李箱裡的水泥不斷增加，你的大腦也變得更加沉重，逐漸被生活的挑戰和大人的煩惱弄得雜亂無章。

同時，**我們也會用不完美的過去塑造一個有缺陷的未來願景**。於是我們前往那個有缺陷的未來，並深陷其中。我們很難走出自己**心裡的流沙**，感覺像是溺水。身為成年人，我們的做事效率與快樂程度，和我們沉溺於過去的生活方式有直接關聯。為了過上更好的生活，**我們必須有意識地選擇從夢想國度出發，而不是過去。**

為什麼你會困在過去

儘管你不斷成長，不斷學習，不斷進步，為什麼你的情緒、生產力和幸福程度都沒有改變呢？因為你卡在一個思維模式裡，**一個與過去相連的重複循環播放**。最糟糕的是你渾然不知，可能過了好幾年都沒有意識到你卡在這樣的循環之中。

我點出這件事，讓你能夠意識到它的存在。**一旦你意識到僵固的思維和循環，它們就會失去對我們的控制**。意識是消極思維模式的剋星，一旦你意識到它的存在，便能透過想像一個激情美好的未來，來改變現有的模式，過去的就過去了。

你能找到目前生活中的負面情緒或行為嗎？這應該不會太困難。一段糟糕的關係？一份沒有前途的工作？一個長期藥物濫用的問題？

如果你可以像孩子一樣，將思維模式建立在夢想和想像之上，而不是糾結於過去的負面想法呢？舊的模式讓你的大腦感到滿足，大腦的主要功能之一就是讓你免於威脅，讓你免於做出戰鬥或逃跑的反應。對於已經發生的事情，你沒有必要逃跑。

根據天性，我們渴望秩序。我們注定要成為解決問題的人，因為解決問題讓我們感覺良好。這也是我們會被未知的未來嚇到的原因，我們無法把確定的人事物套用在尚未發生的事情上。不過事實是，這樣做只會傷害到你自己。

並不是說你應該要與過去斷開。許多人透過同樣的人、地方、行為和儀式找到生活的樂趣。當然，你也可以這樣做。

不過，如果「只」這樣做，那你就是在妄自菲薄。

邁向你的未來

從過去走向未來的第一步是接納。狄巴克・喬布拉（Deepak Chopra）教導我們：「我利用回憶，但不會讓回憶利用我。」**你知道當你緊抓過去不放時，什麼會被踢到一旁嗎？你的未來。**

六十多年前，美國總統甘迺迪也意識到展望未來的重要性，他說：「歷史是個無情的主人。歷史沒有現在，只有不斷湧向未來的過去。試圖抓緊就等同於被淘汰。」這些話在今天仍然中肯。

請用以下的思維邁向未來。你的大腦、思想和情緒就像一個杯子，能夠容納的液體有限，在這樣的情況下，液體就是過去。當你用過去填滿杯子，不管多努力，這個杯子都無法再裝入任何東西，除非你把杯子清空。與過去和平相處，是清空杯子並為夢想和未來騰出空間的方式。

不過請謹記一點，不要花太多時間在與過去和平相處。這樣做會浪費你寶貴的時間，這些時間最好用來放眼未來。想像一下，把過去的想法倒出來，看看那個空杯子，然後用想像力填滿它。

擁抱未來，用你的夢想及潛力填滿杯子，而不是淹沒在無益的陳舊思想中。用盡全力拋開過去，放眼未來。

接納的另一種方式，是承認今天的自己是過去自己的結果。你的痛苦、缺點和阻礙會被多年來得到的力量、智慧和知識所抵銷掉。擁抱現在的自己，會讓你得到通往未來的跳板。

還是不相信我嗎？

你害怕的不是你的未來，而是讓你焦慮和不敢做夢的過去。

讓你的想像力發揮作用

愛迪生有天馬行空的想像力，如果他一直流連在過去，而不是用想像力改變人類的未來，那麼我們的世界將會與現在截然不同。

他曾經說過：「想要發明，你需要具備好的想像力和一堆破銅爛鐵。」愛迪生身邊顯然有很多垃圾，他嘗試了一千次才發明了第一個有商業價值的燈泡。

請記住，燈泡僅僅是愛迪生的發明之一，他還發明了留聲機、電影攝影機、油印機、鹼性蓄電池甚至還有混凝土跟水泥。總而言之，愛迪生一生中獲得了一千零九十三項美國專利。在全世界，有兩千兩百三十二項專利都屬於他。沒錯，這就是他的紀錄。

愛迪生也是一個不錯的商人，以今日的美元計算，他一生累積了兩億的財富。你覺得他如果被過去的失敗所束縛，還能有這樣的豐功偉業嗎？絕對不可能，愛迪生也曾說過：「我沒有失敗，我只是找到一萬種行不通的方法。」如果他當時沒有成功，世界會是一個更「黑暗」的地方。

夢想是想像力的產物。想像是一種治療，想像是健康的，所以，想要對自己好，就讓想像力發揮作用吧。

許多人認為，夢是睡覺時大腦創造的無意識想法，但我現在說的夢是清醒夢（lucid dreams）。

當你清醒時，你更能控制自己。雖然睡著時讓你的潛意識完成夢想也有其價值，**但我相信清醒時的夢是最好的。**

人類的獨特之處在於，我們的意識讓我們能夠突破時間與空間的限制，帶我們到另一個維度，也就是夢境。在夢境裡，想像力蓬勃發展，這個維度讓人狂喜地興奮，卻又不嚴謹到令人發怒，並讓你免受禁忌、擔憂和過去的束縛。**一直以來，心理治療師都把夢境稱作是與內在的小孩重新建立聯繫。**現在你知道背後的原因了。

如果你思考井井有條且邏輯縝密，就有辦法找尋你的未來願景，而不是過度執著於「做夢」這個標籤。夢想和願景是可以互換的。

不論你給它下什麼標籤，**你都會被願景、想像力和夢想所激發。而如果你足夠幸運，你會感到不舒服。不舒服是一件好事，**是必要的過程。不舒服代表你的想像力正在引入不同的想法，創造新的事物。記住，過去是熟悉的，未來是未知的。

不舒服是向前邁進的必要情緒之一。所以，**緊緊抓住這不舒服的感覺**，他們是未來寶貴的一部分。

允許自己做夢

允許自己生活在想像之中，並敢於做夢，是你能夠給自己最好的禮物之一。路上會有一些障礙需要克服，你會卡在不斷修正想法的循環裡。

> 如果我這樣做，大家會嘲笑我嗎？如果我敢去做想像中的事情，會不會失去一些朋友或損害我的名譽？儘管會讓我不快樂，我是不是應該順從大家對我的期待？

這一切都源於「恐懼」，也正如同我所指出的，這些問題都來自過去的枷鎖。

允許自己做夢，有個方法是原諒他人過去的錯誤。更重要的是，**你需要原諒自己**。偉恩．戴爾博士（Dr. Wayne Dyer）很喜歡說：「原諒他人是心靈成長的必要條件。」心靈成長讓你免於無用的憤怒和磨難。**心靈成長與做夢和想像力有直接的關聯**。心靈成長是另一個維度的另一部分，對於過上幸福的生活至關重要。心靈成長也是清空杯子，為新夢想騰出空間的另一種方式。

做夢同時也需要一點自我分析。你不會意識到自己根深蒂固的心理模式和習慣，因為你一直把這些沉重的的包袱帶在身邊：

我不能。

我不會。

那不是我。

我不夠好。

我太胖了。

我太老了。

我太年輕了。

你懂我的意思，前方有無窮無盡的精神巨石擋著。這些巨石只會讓你難過、緊張、抑鬱和焦慮。一旦辨識出那些負面能量，透過主動思考，你便能減少或消除他們。**要用精確、具體和反覆的夢想與願景取代這些負面能量。**

新主意、新想法還有新思維是夢想的最佳燃料。想要高品質的夢想，就用各式各樣你感興趣的東西啟動精神幫浦。**大腦在想像力的推動下，會著手把這些看似毫不相關的想法串連起來，創造出讓你驚豔的想法。**

要明白一件事，我們的潛意識無法區分現實和想像。這就是為什麼我們所關注的，和我們不斷思考的東西最終都會成真。

正如同想像並非線性的，當大腦在為你的意識創造新的夢想時，時間線也不是線性的。你有沒有曾經在半夜醒來，並想通了一個困擾你數週的問題？你是否曾經在看孩子的棒球比賽時，在逛家得寶時，或者早上洗澡時解決了一個棘手的問題？

你的想像沒有白天和黑夜的觀念。沒有哪個大腦會說它要在每天上午十一點的會議中思考，你的大腦自然而然就會運作了，當它在運作時，請保持專注，**並記錄或記住你的想法**。**當潛意識已經努力為你工作，而你還讓這些想法溜走，那就是很不禮貌的行為了。**

夢想和行動

《多一法則》是一本關於思考和行動的書。到目前為止，我們已經談了很多關於夢想的思考部分。不過，把夢想轉化為行動，督促你朝著目標前進，這點也同樣重要。

在一場棒球比賽中，你不能同時在一壘和二壘。一樣的道理，在人生中，你不能同時在兩個地方生活。要想盜二壘，你的腳必須先從一壘離開，追隨你的夢想，離開一壘並衝向你生命中的下一個目標。

你可以選擇活在過去，停滯不前，也可以選擇勇敢做夢，決定自己的未來，並活出最棒的人生。

當你**主動追逐夢想**，你會很訝異，因為你需要的東西都會自然而然地被吸引過來。你會開始明白，帶來負面影響的人和壞習慣都會逐漸消失，並留在過去。當這種情況發生時，你會開始意識到，**你不是只看中一段關係，而是這段關係帶給你的感覺**。

新的夢想會改變生活，當你像清空杯子一樣為夢想騰出空間，生活會充滿新的關係與冒險。搭配直覺和想像力，負擔會逐漸減輕，夢想也終將實現。當你邁向未來，你也會發現令人興奮的機會。

把「再一個夢想」融入生活，你會成為一個更加快樂的人。

第八章 再問自己一個問題

未經審視的生活是不值得過的。

——蘇格拉底（*Socrates*）

你是否有想過自己在想什麼？

這是一個強而有力的問題，是我在這個章節中會問你的問題之一，也是你應該問自己的問題。

事實是，大部分的人從未這樣做。**大部分的人從未控制過自己的思想，因為他們沒有問對問題，所以他們對自己的思維有錯誤認知。**這帶來了另一個同樣重要的問題。

什麼是思考？

簡單來說，思考是與自己問答的過程，這就是思考的運作方式。每天，你都不斷地在腦中提出並回答數千個問題。

因此，如果想要提升思考的品質，你就要提升問題的品質。正是問題的品質控制了思考的品質。大腦善於為你找到想要的答案，而且其精細程度會讓你感到訝異。

聽起來合理嗎？

如果你開始提出更有品質的問題，可能會為你的生活帶來天翻地覆的改變。**更好的問題帶來更好的答案，更好的答案則會帶來更好的生活。**大多數人不會這麼做，但多一思考者會。大多數人問的問題使自己更脆弱、更沒毅力或束手無策。他們選擇簡單的路，在某些情況下，這些問題會由於創造出恐懼、憤怒、懷疑或自卑，從而造成傷害。

美國海豹部隊的訓練教導隊員提出一個問題：「現在的情況下，有什麼是我能立刻掌控的？」相比之下，大多數人則會問：「有什麼地方會出錯嗎？這樣的情況下，有什麼是我無法掌控的？有什麼是我要害怕擔心的？」因為我們大多數人生來就是用這種方式思考。

如果提出這類問題，你就會一直讓自己受到束縛，大腦會為你找到這些問題的答案。自我審視是揭露人生智慧的關鍵一步，**當你問對問題，就會找到生命的真諦。**

不幸的是，檢視你的生活不一定有趣。內心的聲音可能是對自己的批判，而對自己負責意味著你不能逃避責任。為了成長，多一思考者需要接受挑戰，並擁抱這個生命議題。

很多時候，人們只差一個答案就能為生活帶來巨大的改變，**而問對問題是得到這個答案的第一步。知道答案能夠消除路上的障礙，幫助你做出改變。**在你把自己的事情處理好之前，很難解決其他的問題。

劇作家尤金·尤內斯庫（Eugene Ionesco）曾經說過：「啟迪我們的不是答案，而是問題。」當你挑戰自己，試圖變得更好，你就會保持謙虛。做到這點最好的方法，就是每天檢視你思想和行動的基礎。就跟你一樣，這些問題的答案是獨一無二的，沒有所謂的正確答案，也沒有一個放諸四海皆準的解答。大多時候，這個過程就像撥洋蔥，根據經驗、記憶、感覺和人際關係，你提出的問題會導向下一個問題。

面對這些問題，擁抱這些答案，如果對自己足夠誠實，你就會衝破障礙，走向美好人生。

如果你可以找到一個強而有力的問題，並且每天問自己呢？我不可能猜到哪些問題和答案對你來說是重要的。不過，我可以提供一個清單，讓你自我檢視。你可能會和某些問題產生共鳴，請注意這些問題。因為那是「內在的你」正試圖告訴你一些重要的事。

不要急著處理這些問題和答案，讓問題沉澱一下，找個安靜的地方讓頭腦工作，這樣得出的答案對你來說才會有價值。另外，也請思考一下今天得出的答案，以及你在未來希望得到的答案。一旦你把未來的答案植入腦中，大腦就會開始工作，並將這些答案化作現實。

記住，一個答案就能帶來巨大的改變，多問一個問題，就是追逐夢想的第一步。

再問自己一個問題，過上不平凡的生活

- 我還能再做一件什麼事情，來向另一半表達我的愛？
- 我還能再做一件什麼事情，來改善我和孩子的關係？
- 我還能再做一件什麼事情，來讓家人知道他們對我非常重要？
- 我還能再做一件什麼事情，來感謝我的同事？
- 我還能再做一件什麼事情，來調整思考方式，讓我少找藉口？
- 現在的狀況下，我還能掌握哪些事情？
- 我要如何把事情想成是為了我發生，而不是針對我發生？
- 我今天還能再做一件什麼事情，讓自己平靜下來？
- 我還能再做一件什麼事情，讓自己內心能夠長期保持平靜？

- 還有什麼方法，可以讓我不用在意別人的想法？
- 還有什麼方法，可以讓我不要暴怒？
- 我還能再做一件什麼事情，讓別人多認識一點真正的我？
- 我還有什麼方法，可以不用那麼擔心過去？
- 我還有什麼方法，可以不用那麼擔心未來一點？
- 我還有什麼方法，可以更加期待未來？
- 我還有什麼方法，可以學著感激周遭的人事物？
- 我還有什麼方法，可以不再拖延並珍惜時間？
- 我還有什麼方法，可以不再做旁觀者，而是實際參與其中？
- 我能不能再問自己一些難以回答的問題，儘管知道答案會不中聽？
- 我還有什麼方法，可以不要害怕失敗，並從錯誤中學習？
- 我還有什麼方法，可以好好理財，珍惜賺得的每一分錢？
- 還有什麼方法，可以確保我的價值觀和我的標準與目標保持一致？
- 在職場上，還有沒有一種方法，可以讓我成為一個實質的領導者？
- 還有什麼方法，可以讓我變得更健康？

- 我要如何在飲食上多做一個改變，以成功減重？
- 在健身房，我還可以多做哪一個動作，以增肌或減脂？
- 我還可以放下什麼一直在拖累我的東西？
- 我要如何給自己多留一段時間，讓自己放空和做白日夢？
- 我還能多做一件什麼事情，來消除正拖累著我的事情？
- 還有什麼方法，可以改變我的思維，讓我不再抱怨？
- 還有什麼方法，可以幫助那些正在受苦並需要我的人？
- 最近還有什麼事情讓我感到幸福？
- 我還能多做一件什麼事情，來更好地處理紛爭？
- 我還能如何更好地處理生活中那些讓我耗盡心力的人？
- 我還能多做一件什麼事情，來擠出時間，並為生活著想？
- 我還能多做一件什麼事情，來停止記仇？
- 我在生活中還多學到了一件什麼事情，可以讓我像導師一樣傳授給別人？
- 我還能多做一件什麼事情，來更加享受工作？
- 我過去是否有足夠的好奇心，能夠多問一個問題，並尋找那個重要的答案？

- 對於我的信仰，還有沒有哪件事是需要禱告的，或者哪段經文需要牢記在心？
- 還有什麼方法，能讓我為現有的一切感謝和敬重我的神？

答案是什麼？

這些問題的答案可能會讓你感到不舒服。並非總是如此，但在多數情況下，為了成長，**最好的答案也是最難以應付的。**

你或許聽過別人說：「沒有所謂愚蠢的問題。」事實並非如此！的確有些問題是愚蠢的，像是沒有挑戰性的問題，或者那些無關痛癢的問題。當你向自己和別人提出愚蠢的問題時，你只是在浪費時間和欺騙自己。更糟糕的是，在內心深處，你其實知道自己在做什麼。

如果你想當個普通人，如果你對現況感到滿足，因為你感到舒服、害怕或懶惰，而且不想知道如何過上更好的生活，那麼就不要提出那些會讓你成長的問題。沒人可以強迫你做任何你不想做的事情。

美國知名演員露比．迪（Ruby Dee）曾說過：「敢於提出問題，就是最大的恩賜。」如果你想逃避真相，那麼當生命走到盡頭時，就不要感到後悔。

有些問題不會立刻有答案。當這種狀況發生時，你無法用邏輯解決問題，但也不要認為自己失敗了。

你現在的問題可能要以後才會有答案，或者永遠都不會有答案。記得讚許自己有勇氣提出問題並尋找答案。記住，一個問題往往會導致另一個問題，以此類推。

啟蒙有很多不同的路徑，學會帶著人生中的疑問繼續生活。每天努力尋找答案，有些會如醍醐灌頂，讓你徹底醒悟，有些則會隨著時間慢慢解開。

無論如何，能夠與生命中的這些問題和答案共存，就是多一思考者最令人欽佩的特質之一。

第九章 再一個目標

將你心所願的賜給你，成就你的一切籌算。

——《詩篇》20:4

這一生，為了過上更好的生活，我們一直在學習如何設定目標，也被各種方法、系統和理論所包圍。只要有關設定目標，人們總是滔滔不絕。

我相信你一定有一套自己的，與目標有關的策略，不過，我想要幫助你改善達成目標和設定目標的過程。

這是一個很好的開始。

我相信目標就是能量，目標是生命力，是一種存在的狀態。目標不僅僅是你內心想法、希望、慾望和夢想的體現，如果能用正確的方式追求目標，就會是**能量到行動的轉移**，這也會以最純粹的形式，創造生命中的「多一」。

不過，很多時候目標並不是一個有意識的決定，僅僅是為了改善生活。大多時候，你設定的目標，是在回應生活中某些事情，關鍵是要**積極主動地讓頭腦充滿正確的想法**，而不僅止於被動防守。當你能夠先發制人，你的潛能會被激發，以協助你完成這些目標。

這是因為頭腦總是喜歡它所熟悉的事物，並吸引任何需要的資源來幫助你前進。**你所想的會導向你所需要的**。當你有意識地獲得你所需的東西時，頭腦會開始著手將你的目標實現。

目標和標準之間的關係

我會在第十章深入探討有關標準的一些細節，但我想要簡單確認你明白目標和標準的連結，以及兩者是如何搭配工作的。許多人會搞混目標和標準，但它們其實不一樣。

一開始你的心中有些想法，根據這些想法，你對結果有些期待，於是你制定目標。比方說，「我想要賺足夠多的錢，然後捐出一萬美金給我最喜歡的慈善團體。」或是，「這個夏天我想去歐洲旅遊。」這兩個例子都是值得追求的目標，但如果沒有一個具體的計畫，這兩個目標實現的機率就會降低。

你的首要任務是**弄清楚為了達到目標，你願意忍受到什麼程度**。

你願意容忍的東西，會變成你必須執行的標準。**標準是一種行動，標準會和你對於目標的想法連接在一起。**

設立目標，卻沒有訂下與目標相應的標準，是在浪費時間。你的標準甚至要比目標更具目的性，要把目標當做是標準的結果和副產品。反過來說，當你落實適當的標準，就更有機會達成目標。

另一方面，**你無法永遠控制目標的結果**。有時你會遇到挫敗，這也是理所當然，因為目標要有意義，就必須有一定的難度和挑戰性。然而，**你可以控制你的標準**，因為標準存於內在，而且完全取決於你願意付出的努力。

知道這個區別後，你便對目標的重要性有了一定的認識。不過，有些對於目標的想法，以及如何設立有意義和可實現的目標，在我看來是大錯特錯。

保持單純，保持彈性

有成千上萬的人樂於跟你分享訂定目標的系統，但這樣做的問題是：同一套系統不能套用在所有人身上。

這是因為我們每個人處理資訊的方式都不同。過去的經驗、教育、想法、天賦、缺點和人際關係，這些都讓你與眾不同，同一個系統不能幫助所有人設立目標。

有些人用視覺思考，有些人用聽覺思考。許多人喜歡摸得到的，一定要親手碰到他們的目標才行，這是一種動覺的思考方式。如果你曾經試駕過夢想中的汽車，就會知道我的意思。

我們大多數人是這三種方式的混合體，只是程度不同罷了。這就是為什麼我們不可能建立一個目標設定系統，來讓全世界七十億人一同使用。

我認為許多方法都沒有用的另一個原因是，它們往往太過複雜。菁英、執行長和其他高度積極跟成果導向的人，他們都沒有這個時間，也不會想要深入研究這些複雜的方法。

正確設定目標的方法，是盡量讓計畫保持單純。不論你是誰，我會提供一個更有彈性，且適用於**你**的方法。這不是一個系統，而是一個鬆散的框架，你可以改變這個框架，並找到最適合你的方式。

在巔峰狀態時設立你的目標

只有**處於巔峰狀態時，才能設定出最好的目標**。當你的身心靈能夠完美搭配，就會達到巔峰狀態。進一步分解的話，把思想看作是你的意識，把身體看作是潛意識。當你的意識和潛意識協同工作，會有一股強大的力量，使你的巔峰狀態更上一層樓。

我把身體稱為潛意識，因為大多數時候，我們設立目標時，都只專注在思想上。想法使我們處於有意識的狀態，並提供我們認為的正確心態來實現目標。然而，我們沒有意識到的是，**想讓思想處於最佳狀態，身體也必須處於最佳狀態**。許多人在設立目標時忽略了自己的身體，這樣一來，身體就成了我們的潛意識。

如果沒有把潛意識放在首要位置，我們就沒有善用所有的工具。除非善用這些工具，否則我們無法達成目標。當這些工具處於同步狀態，**儘管你的意識沒有在積極地工作，潛意識仍會向前推進**。

要記住一個關鍵：**你的頭腦喜歡熟悉的事物。當意識和潛意識都在為你工作時，就等於**

你不斷在為目標努力。這就是這個觀念如此強大的原因，也是為什麼在設立目標時，你需要有足夠強大的動機，這對達成目標至關重要。

足夠強大的動機使你達成目標

足夠強大的動機會給你能量和毅力，讓你度過艱難時期以達成目標。**動機會轉換成你所熱衷的目標。**

目標其實就是改變，這就是為什麼**你的目標需要的是一項挑戰**。如果目標不具挑戰性，就不會為你帶來改變，你也只是在浪費時間而已。你說想要為最喜歡的慈善機構籌到一萬美元，因為這是一件好事，這個目標背後的動機不夠強大。試著讓這個目標帶點感情！**越感性的動機，會為你帶來越多的能量和毅力。**這也代表你更有機會籌到那一萬元。

你需要在腦中植入一些想法，比方說，這筆錢可以讓孩子們在放學後有地方可以去，給他們一個跟你不一樣的童年。或者，這筆錢能夠讓研究人員發現某個疾病的解藥，而這個疾病正是奪走你母親的罪魁禍首。又或許，這筆錢也可以幫助那些物資緊缺的受虐婦女。

年輕時，我的心臟有一些問題，那時我就開始思考，如果我很早就離開人世，就會錯過一切美好事物。不過，真正讓我在生活中做出改變的，是想到無法牽著我的女兒貝拉走上紅地毯，我甚至沒辦法告訴你這件事讓我有多崩潰。有了這個強大的動機，我開始跑健身房、飲食控管、舒緩壓力，採取更健康的生活方式。

這不單單是要變得更加自律，你的目標還需要一個感性的成分。這個成分會讓你的負擔不那麼沉重。

當你設立目標，想想是為了誰，為了什麼，還有背後的原因。如果你沒有因此燃起鬥志，那麼你會很難抵抗路上的誘惑。讓動機成為你的盔甲，幫助你抵禦這些誘惑和攻擊。

有許多設定目標的系統鼓勵你把目標分類。**不要這樣做！**你只有一次人生，不需要把事情複雜化，像是將目標分成財務、信仰、健身或家庭。**保持單純。**為什麼要把這些為了讓生活更輕鬆美好的目標變得複雜呢？當你只有一個目標清單，你就只需要注意這個目標是屬於**動力型目標**，還是能夠讓你跨出舒適圈的，**能改變生活的目標**。

動力型目標比較容易達成，顧名思義，這樣的目標為生活提供動力。動力型目標是**短期且馬上能夠看到成效的目標**。完成目標後的回報會不斷累積，把足夠的動力型目標串在一起，就好像在累積下坡時的加速度。唯一要注意的是，請確保你的動力型目標仍然要有其意義和挑戰性。

改變生活的目標比較難達成。你會提高這種目標的標準，因為你認為**它們會帶來更大的回報，也帶來更多成長**。達成這樣的目標往往需要更長的時間，有時甚至是好幾年。

這兩種目標是互相關連的。舉一個常見的例子：減重，從一個強而有力的動機開始，比方說不要因為過重而英年早逝。動力型目標是每週減一公斤，或者一個月減四到五公斤。如果為自己設定正確的標準，像是攝取正確健康的食物，還有規律運動，這是一個短期且非常可行的目標。

如果你的體重嚴重超標，你可能會需要一個能夠改變人生的目標，好比說減掉五十公斤或是更多。要做到這件事，唯一方法就是達成你所有短期的動力型目標。如果不先減掉一公斤，就沒辦法減掉五十公斤，對吧？

歌德就了解這兩種目標之間的關係，他曾說過：「踏出某天有望達成目標的一步是不夠的；每一步本身都必須是個目標，也要是個步驟。」

最後，**當你設定一個目標，要在大腦中為這個目標騰出空間**，而這個空間需要培養。你必須弄清楚達成這個目標所需的資源，你是否需要讀一本書？是否需要聯絡一個人？你可能需要去一個地方，或者做一件事。用正確的工具填滿這個空間，以完成你的目標，否則你就是在冒著讓它泡湯的風險。

話雖如此，就算有足夠強大的動機和一切所需的資源，如果你認為自己配不上這個目標，路途仍然會十分艱辛。

目標與自我價值

如果你不相信自己配得上你的目標，那就是在自我破壞，而且你永遠無法超越賦予自身的價值。把它想成是一場拔河比賽，而繩子的兩端都是你，贏的同時，你也輸了。

設立目標時必須把兩件事納入考量：

一、增加自信的方式

二、照鏡子時增加身分的方式。

兩者都是自我價值不可或缺的一部分。除非你對「你是誰」和「你所值得的」很有信心，否則你會在訂定目標時自我設限。

你必須擁有足以明白一件事的智慧，就是不要白費你的努力。**有多大的信念，就有多大**

的成就。意識和潛意識都是強大的盟友，不過兩者如果沒有互相合作，反而會變成精神地雷，把你炸的灰頭土臉。

用正能量設立最棒的目標

許多人每天受苦，活在混亂、不安、焦慮之中。在這樣的情緒負擔之下，他們選擇用逃避來回應。在這種狀況下設立目標，只是在回應自己這樣的狀態，而不是掌握並決定自己想要的人生。

當你只是回應，就是在逃離，而不是邁向那些更好的，同時也是你想要的東西。**想要設立目標，你要依靠想像力和夢想而活，而不是過去和恐懼**。

那麼下一個顯而易見的問題就是：「我要如何做到這點？」

要想設計你的目標，你需要把外在因素和影響拒之門外。在這個資訊爆炸，人人都很忙碌的時代，這件事顯得格外困難。做好準備的一種方法是問問自己：「想讓我的目標和成果有明顯的改善，我應該要處於一個充滿自信、勇氣和幸福的狀態，還是感到害怕、挫敗和憂鬱？」

更好的目標會帶來更好的結果。當你決定人生的方向，並擺脫過去的陰影和負能量，就會有更好的目標。同樣的，沒有什麼神奇公式，我只要你保持單純。記住，在巔峰狀態時設定目標。

要找到你的巔峰狀態，就讓身體動起來。出去走走路或跑跑步，上健身房，騎腳踏車，游泳或者做幾個開合跳。當你真的動起來，你就是在創造本章開頭所提到的能量。運動時，你的身體會製造並釋放腦內啡。腦內啡讓你達到巔峰狀態，**而巔峰狀態讓你能夠天馬行空**。

當你充滿想像力並能夠天馬行空，你會用不同的方式看待事情。你會想著各式各樣的可能性，腎上腺素會提供你信心，好讓你挖掘出最好的目標。當你產生這種能量，它就會轉移到你的目標上。

我之前說過目標是一種能量的形式，現在你知道是什麼點燃這股能量了。

設立最好的目標之後，實現它們的一個關鍵是反覆思考。**反覆思考你的目標，頭腦就會充滿能夠幫助你達成目標的想法**。為了把效果最大化，當你處於巔峰狀態時，也要反覆思考你的目標。要讓思想和身體合作無間，也就是你的意識和潛意識，當初設立這個目標時的狀態是什麼，你就要在同樣的狀態下反覆思考它們。如果不這樣做，你的頭腦可能會拒絕這些目標。你的大腦和身體應該要保持同步。

處於巔峰狀態時，你可以利用各種不同的工具幫助你反覆思考目標。像是手機、照片、筆記、會議或者任何方式，只要對你有幫助即可。

還有，在不同的時間框架下設立目標是最好的方法。很多人只有過年才會設立自己的新年願景，我就不說這樣做有多懶惰和多沒效率了。相比之下，**表現優異的人每天都會設定並審視自己的目標好幾次**。

要主動設立目標，而不是被動接受生活的各種情況，**就要每小時、每天、每週、每月、每年設立目標，甚至是三年五年後的目標**。最好的目標組合包含緊急的目標，也就是動力型目標，還有長期的目標，也就是有挑戰性且能改變你人生的目標。

眼前的各種時間框架，會讓你更容易養成反覆思考目標的習慣，這也是你把目標融入意識中的做法。把目標融入意識裡，你的潛意識也會一同加入，讓大腦開始為你工作。

我是如何設立目標的

你設立目標的方式會是獨一無二的。不過，我想和你分享我的方式，讓你能夠更了解如何運用上述提到的想法和策略。

我絕對不會鉅細靡遺的教你如何設立目標，你必須找到一個最適合自己的方式。**你的過程將會與眾不同，而這也是為你量身訂製目標的最好方式。**

我每年都會想一個詞，作為我新年目標的主題。這個詞告訴我事情的優先順序，以及我的人生進度條。我過去曾用過的詞有：不屈不撓、信仰、堅韌、愛、關懷和感恩。一旦決定好這個詞，我就會踏上旅途。我的目標仍然是獨一無二的，但這個詞會在背後悄悄地督促我向前進，而一整年，我都在重複這個詞。

先讓自己處於巔峰狀態，再加上這個詞彙，**我就開始用精神洪流來設定目標。**精神洪流名如其實。首先，我斬除腦中認為自己做不到的想法。然後，我把自己想成一個聖誕夜時的孩子，把我想收到的所有禮物列成清單。我會持續這樣做四分鐘，沒有刪減，也毫無保留。我把想到的一切都寫下來，並允許自己清空大腦中的所有慾望，或大或小。

這樣做的時候我會站起來走動，確保我的血液是流動的。我保持在巔峰狀態，創造一個強大的內部能量流。一旦得到了想要的目標清單，我會透過幾件事情來鎖定這些目標。

確定達成目標的動機足夠強大後，**我會深入分析這些目標，確保它們足夠具體，泛泛而談是行不通的。**你我的大腦都無法有效處理廣泛籠統的想法。**當大腦在處理具體和準確的資訊時，工作效果是最好的。**

比方說，我不會說我想要減重，是因為這樣感覺比較舒服。這只是在空談和許願。如果減重是我的目標，我會具體寫下我要的腰圍、我要減掉的重量、膽固醇和血壓數值等等。

太過空泛會阻礙你大腦的思考。**具體一點代表一就是一**，沒有商量的空間。做生意時，說「我想要賺更多錢」遠遠不夠，應該要給出具體的數字，這也是我決定三十歲以前至少要有一百萬美元的原因。**具體的目標也應該要有期限**，否則跟許願沒什麼兩樣。

接下來，我決定哪些人可以助我一臂之力。可能是我的妻子、商業夥伴或者牧師。不過，為了達成目標，我必須讓他們知道這個目標是什麼。不可否認的是，告訴別人能夠幫助你維持紀律和責任感。

這些東西都就位後，我開始朝著目標努力，包含時常朗誦和視覺化我的目標，有時候我一天會這樣做好幾次。**我發現最有效的方法是大聲說出我的目標**，當聽覺也參與進來時，能夠造成更深遠的影響。

將目標視覺化也很關鍵。視覺化的方式取決於你，有些人用夢想板或照片，有些人把清單貼在在浴室或車子的鏡子上。我個人則是喜歡在腦中想像，這是我的思考方式，也是對我來說最有效的方法。你可以試試看什麼方法對你最有效。

另一個方法是真心說出自己的想法。有些目標設立系統叫你表現得好像已經完成了某個目標，但這樣做只是在欺騙自己，你會打亂思想。如果你還沒賺到一百萬美元，不要告訴自己：「我已經有一百萬美元了。」

我發現反覆思考目標對很多人來說都很難，我自己的習慣是把這件事包含在禱告裡，而我每天都會禱告。有些人每天冥想，這是另一個很好的方法，幫助你把目標視覺化。**如果你每天在一樣的時段反覆思考你的目標，事情也會比較簡單。**對我來說，我習慣的時間是早上剛起床和睡前。

反覆思考你的目標，也與網狀活化系統（RAS）有關。RAS是一種精神肌肉，能把對你來說很重要的東西過濾至意識中，並過濾掉不重要的東西，你可以在第二章找到更多關於RAS的內容。

我想強調的最後一件事是，**我會給自己一個期望，就是我將會達到這個目標**。不知道你有沒有注意到，往往那些你期待會達到的目標，都會一次又一次的成功。期待會為你帶來成功所需的工具和資源，當大腦希望你成功的時候，它就會開始工作，並協助你找到解決方案。

身為多一思考者，你的人生需要目標。用正確的方法制定目標，它們會為你帶來挑戰，帶來能量，並讓你保持熱情和專注。

第十章 再一個高一點的標準

我們做的所有判斷中，最重要的莫過於根據自身標準對自己做出的評價。

——勵志演講家，丹尼斯・魏特利（*Denis Waitley*）

我要告訴你一個驚人的事實，你有很大的機率無法達成目標。

不過好消息是，你一定可以達到自己的標準。沒錯，就是這樣。

幸運的是，目標和標準是硬幣的兩面，彼此之間的關係密不可分。這代表**如果你想要把達成目標的機率最大化，就要調整你的標準，這樣一來，基本上你就可以自動達成目標了。**

方法如下。

目標和標準之間的差異

我遇到過許多人把目標和標準搞混，經常把兩者視為一樣的東西。它們不一樣！達到目標之前，你必須了解標準扮演的角色及其重要性。

它們最大的差異在於，目標一開始只是想法，是你腦海裡期待會發生的結果。你的大腦有兩個選擇，認可這些想法，或者略過這些想法。**當你決定要實踐目標時，你會設立標準，作為採納這些想法並付諸行動的方式**。要把標準當做是你可以容忍的績效標準。標準是能夠將你推向目標的行動。**目標則是達到標準的副產品**。沒有標準的目標不具任何意義，也只會是徒勞無功。

這個世界不斷告訴你要審視並提升你的目標，這也確實是你應該做的。但關鍵在於要持續審視並提升你的標準，你需要評估自己願意容忍什麼，和不願意容忍什麼。

你的底線在哪裡？

設立目標的同時，你必須決定自己是否可以接受達到這個目標所需的標準。容忍不只適用於推動生活所需的事情，還可以適用於許多不同的領域，像是人際關係、領導力和商業往來。

此時此刻，你能接受目前的工作狀況嗎？你能接受目前的收入嗎？你能接受現在的幸福和熱情程度嗎？如果可以，那麼你會維持現況。只有當你自己決定不能再容忍一段關係，或者是工作狀況時，你才能改變它們。只有當你自己都受不了你的收入時，才會開始向好的工作邁進。**如果你願意屈就於某些事物，那可能就是你會得到的東西。**

如果不改變你的標準，那麼目標就毫無意義。

許多人失敗或痛苦，是因為他們把標準設得太低，根本不符合他們的期待。**如果你無法確立並清楚定義你的標準，其他人會只會踩到你的底線，因為他們不知道什麼是你可以接受的，什麼是你不可以接受的。**

有時候，踩到你底線的人可能是無意的，他們甚至可能沒有意識到自己已經越線了。舉例來說，如果兩人之間沒有高標準或者清楚的界線，這段關係就會出現問題，以失敗告終也完全不奇怪。

你必須明確界定一段關係的標準，並經由雙方共同認可，而且，**永遠不要委屈自己**。不論是配偶、男友、女友、生意夥伴或者生活中的任何其他人，要在所有關係中設立標準。**讓**

你的標準與自我價值保持一致。

在業界，一個沒有高標準的組織會是失控的，是個無法發揮最好表現的組織。儘管這個組織再有競爭力，缺乏高標準仍然會導致以失敗告終。在你的公司，是否每個員工都能告訴你公司的目標是什麼，以及實現這些目標的標準為何？同樣重要的是，他們是否可以達到這樣的標準？**那些最成功的公司和最厲害的球隊，一定都有設定最高的標準。**

去哪裡找到你的標準

你已經擁有能夠定義人生的標準了。了解這些標準的來源，是進步和創造更高標準的步驟之一。你的標準會反映出同事、父母、朋友、家人、教會、社群媒體、新聞媒體還有你讀過的書。

你也會被同類型的人所影響。如果你是一名運動員，你的偶像可能會是體操選手西蒙・拜爾斯（Simone Biles）、女足運動員米婭・哈姆（Mia Hamm）、ＮＢＡ球星勒布朗・詹姆斯（LeBron James）、大聯盟球員麥可・楚奥特（Mike Trout）或者美式足球選手派崔克・馬霍姆斯（Patrick Mahomes）；如果你是科技粉，你可能喜歡賈伯斯、祖克柏（Mark

Zuckerberg）和傑夫・貝佐斯（Jeff Bezos），如果你是一名知識份子，可能會被偉大的思想家和宗教領袖所感動，如馬丁・路德・金恩、甘地、艾因・蘭德（Ayn Rand）、華理克牧師（Rick Warren）或是布芮尼・布朗（Brené Brown）。

而你永遠不能低估音樂的力量，一些著名的歌手和音樂家也十分具有影響力，如麥克・傑克森（Michael Jackson）、碧昂絲（Beyoncé）、愛黛兒（Adele）、泰勒絲（Taylor Swift）、約翰・梅爾（John Mayer）、巨星馬龍（Post Malone）和紅髮艾德（Ed Sheeran）。

你甚至有可能被一次與陌生人的對話所影響。

根據天性，我們人類是社交動物，會在一段關係中尋找認可，大多數人享受各種志同道合的團體帶來的歸屬感。我們喜歡交換想法，學習新知，塑造我們的觀念也同時從中成長。這些觀念影響我們對世界、社區、家庭和自身存在的信念。你不能逃避這些人際互動，否則只會面臨枯萎和死亡，但你可以**更清楚地意識到這些互動如何塑造你的想法，以及如何定義你身為人的這個存在。**你可以試著從行為、道德、倫理和神的角度，來理解這些人際關係帶來的影響。

把大腦當作攪拌機

一旦你接受各種不同的想法，無論同意與否，大腦會吸收這些想法，將它們混合並創造出新的想法。表面上你也許完全否定某些新的概念，但在潛意識裡，你的大腦不斷處理這些資訊。而你可能會改變自己的思考方式，也有機率讓你更有知識，並達到更高的標準。

無法避免的是，你每天都會接受四面八方的資訊。**為了更好的自己，你必須有意識地做出選擇，只接受你認為有價值的東西，並在深思熟慮後加以應用，創造出獨一無二的標準。**

如果你偷懶，只是人云亦云，隨波逐流，那你的收穫就會和其他人一樣，而這並不是讓你過上最棒生活的方法。

開啟你的高標準生活

你滿意目前的收入嗎？過去三年，你或許卡在一份年薪七萬五千美金的工作裡。你告訴自己：「明年我要賺十萬。」這是你的目標。

那麼問題來了：「我要如何達到這個目標？」這就是標準參與的時候了。**所謂標準，就**

是你想達成目標時必須付出的行動。

以年薪十萬的例子來說，你可能需要多打幾通電話給客戶，或者報名商業課程，增加你的價值，提高升遷的機會。你可能需要早點上班，晚點下班，週六時自主加班，或是找一份新的工作，並爭取你認為自己應得的收入。

準確、詳細的標準才是最有價值的。

每週多打二十通電話給客戶；參加能夠讓你在一年半以內獲得碩士學位的課程；承諾每週六工作六小時，還有每週挑三天晚兩小時下班。這些行動會成為你實現目標的標準。

不幸的是，許多人只停留在做夢階段。儘管真的非常想要達到自己所設的目標，他們卻不願意付出相對應的代價和努力。**在你生活中的各個方面，目標和標準都必須保持一致，這樣的一致會為你帶來成功。**

沒有標準的目標，只是空談和沒有方向的想法。它們只不過是互不相關的慾望，除非搭配正確的標準，否則永遠不會實現。如果你設立了目標卻沒有達到，那是因為你的標準和目標沒有保持一致。

還有一件事，**當標準與目標相符，你的生活會更加無憂無慮。**你的目標雖然重要，卻會成為生活中次要的事。這可能聽起來有點違反直覺，但這就是事實。

例如，你想要建立一個奪冠隊伍，你可以接受的備賽標準是什麼？你可以接受的執行標準是什麼？

尼克．薩班（Nick Saban）是有史以來最偉大的大學美式足球教練。在他執教的三百多場比賽中，勝率高達百分之八十。二〇二〇年賽季，儘管在賽季中感染了Covid-19，他還是贏得了第七座全國冠軍。更厲害的是，他的紅潮隊（Crimson Tide）一路創下了十三勝零敗的全勝賽季。

薩班教練與大多數教練的標準不同。一般教練的標準是：「我們要把這件事練到對為止。」薩班教練的標準則是：「我們要把這件事練到不會出錯為止。」

這是另一個層次的思維和標準，也是冠軍的標準。兩種標準的差異微乎其微，但薩班教練卻能夠出類拔萃，成為有史以來最偉大的教練。

制定更高標準的九個方法

制定清楚明確的更高標準會因人而異，對你來說也是獨一無二的。不過有一些普遍的原則你可以參考看看，不論你的目標是什麼，這些原則可以確保你制定出高品質的標準。

以下是一些需要思考的事情：

一、**理解你的「為什麼」**。除非你清楚自己的動機，否則你沒辦法為目標制定最佳標準。口中說出：「我想減掉二十五公斤，因為這應該是個好主意。」而不是：「我想減掉二十五公斤，因為我會背痛，醫生說我有高血壓，同時我還是個前期糖尿病患者，這樣下去我可能沒辦法享受含飴弄孫的生活。」這兩者有大大的不同。你做某事的理由越充分具體，就越有可能堅持你的標準。

二、**把更高的標準分解為詳細可實現的步驟**。不要說：「我要來跑個步，然後健個身。」而是要有意識地、嚴謹地、具體地去做。

告訴自己：「我一週要跑步三天，每次十五公里。我要找一個教練，制定最適合我的肌力與體能訓練菜單，然後一週五練，還要改變飲食，多吃蔬菜和瘦肉。」

三、**對自己誠實**。如果你已經五十五歲，體重一百六十公斤，卻仍然想要採用上述的計畫，那你只是在為自己規劃一次失敗，以及等救護車來載你。

設定目標和標準時，要現實，不要讓自尊心控制你的思想。找一個合理的起點，一旦開始有些進展，你隨時都可以提高目標和標準。制定標準時，確保你有衡量自身的狀況，並且對自己誠實。

四、在不擅長的領域尋求幫助。找一個健身夥伴、聘請一位經驗豐富的商業導師、聽一些勵志演講和 Podcast、找一些志同道合的朋友，踏上志同道合的旅程。用盡一切來強化你的努力。

你在某個日子或某些時期可能會動搖，會想放棄，這很正常。你可能會懷疑自己的目標是否真的值得，可能會告訴自己你的標準太高了。歡迎來到人類世界，這是每個人都會遇到的狀況。

這時候就輪到心理紀律出場了。重新檢視你的初衷，試著去了解哪些因素正在阻礙你，然後盡可能地消除它們。

善意的朋友、家人和商業夥伴可能是你最大的敵人，因為他們同時也是你最大的盟友，不論喜歡與否，也不論好壞，你會在意他們的想法。他們是你內圈的一部分，不斷影響你的思想和行動。過濾出對你來說積極和有意義的訊息是你的責任，不要僅僅因為和對方太過熟悉，就動搖並屈就於一個較差的結果。

有價值的目標和相對應的標準應該要有挑戰性，如果你的意志力動搖了，請加倍努力，並表揚自己，因為你能夠意識到，需要更加努力只是過程的一部分。

五、利用科技來制定和維持你的新標準。有一陣子，自我提升界的大師們宣揚一種方法，就是寫下你的目標，看著浴室的鏡子，然後每天重複這些目標。從那時起，我們已經走過了漫長的道路，為了提高功成名就的機率，請利用科技來幫助你制定和維持你的標準。

當你處於一個專注，能量充沛的狀態時，利用手機或電腦來拍攝一部關於你目標和標準的影片，並與自己對話。這樣一來，當你日後重播這部影片時，就能看到處於顛峰狀態的自己。

這和單純寫下你的目標跟標準不同，你的大腦會得到更強的聽覺和視覺刺激，以提高你大腦的突觸可塑性（synaptic plasticity），而當這種情況發生時，你的大腦就更能收縮和適應，並增進你的學習效率。

觀看影片的同時，你也是在看著自己想成為的人，可以把他想像成是「你2.0」。

六、專心思考你的目標和標準之間的關係。大小威廉斯姊妹能夠成為世界級網球選手，不是靠著每週放學後隨便練一下，或者偶爾打一場友誼賽而來的。她們兩位會成為卓越的網球運動員，是因為她們花了數千小時磨練自己的技能，在比賽中的每個小細節下功夫，最終才能成為傳奇。她們不只有成為世界頂尖網球運動員的目標，也制定了與這個目標相符的標準。

當你的標準無法匹配你的目標時，你就會缺乏動力。如果把標準設的太低，甚至低於自己的能力，那你就會因為沒有挑戰性而失去興趣。

標準有多低，得到的結果就有多糟。所以，為什麼要自找麻煩呢？

七、忘掉完美。追求完美是非常危險的。完美是最低的標準，以現實層面來說，完美也不存在。如果你想感到沮喪並放棄希望，那就去追求完美吧。即使是大小威廉斯，一路走來也輸過很多場比賽。

完美同時也很無趣！讓我們有趣的正是自身的缺陷。每個人都有缺點，而對某些人來說，認為自己沒有任何缺點這件事，其實就是最大的缺點。

八、不要想太多。保持勤奮，做事徹底，看在老天爺的份上，振作起來。我看過成千上萬的人因為想太多而把自己變成自己最大的敵人。我也看過好多人有很好的創業理念，但卻因為空忙、猶豫不決、過度鑽牛角尖，讓目標甚至在開始之前就泡湯了。思考是好事，但想太多是壞事！

九、制定取悅自己的標準。這點我已經說過了，不過還是要重複一下，因為我們的本能是取悅他人，不過當你在制定屬於自己的標準時，記得要自私一點。這是你的旅程，不是別人的。要記住這點，否則只會浪費時間，自找麻煩，最後落得比原本更加不堪。我喜歡知名籃球教練瑞克．皮蒂諾（Rick Pitino）對於標準的看法，他說：「為自己的表現制定比周遭所有人更高的標準，這樣一來，無論你的老闆好搞或難搞都不重要了。無論你的競爭對手有沒有在推你向前也不重要了，因為你只會是在跟自己競爭。」

提高標準是一個持續的過程

沒有人比你更清楚你的標準應該是什麼，這也代表制定標準有時不是一件容易的事。如果你正試著突破並創新，你手邊可能不會有所有的工具和知識，來幫助你準確評估達到目標所需要的標準。

好消息是，標準不是一成不變的，人們常常制定自己認為需要的標準。然而，隨著經驗累積和其他變因的出現，我們會把標準越設越高。

你的標準應該有適當的挑戰性，過程中，你會不斷成長和改變。**所以，你應該要定期檢視你的目標與標準。當你掌握了一個標準並達成目標，就繼續向上調整。**

如果你保持勤奮、不斷努力，你會注意到有些事情開始變「容易」。一旦你達成目標，也許就是時候設定一個新的目標和標準了。**但是，為了讓生活有明顯的變化，在已經達成的成就基礎上，你可以考慮制定一個更高的標準，來幫助你實現一個更有價值的目標。**

另外，**拿自己或自己的標準和他人比較是不健康的。**這是你的旅程，也只是你的旅程，請保持這種狀態，你不會知道別人正在經歷些什麼，就算他們告訴你也一樣。**尤其是**當他們告訴你的時候，你只會聽到他們想讓你聽到的。當你做比較時，你也會受到誘惑，然後向下調整你的標準，以便與別人的標準保持一致。**比較是人的天性，但我現在告訴你，不要這樣做！**

想想看另一種情況，假設你拿自己的標準和他人比較，然後你發現他們的標準高得離譜。在這種情況下，你可能只是在讓自己再一次失望。這不僅是在浪費時間，也對達成目標毫無幫助。**你唯一應該比較的對象是你自己。**

更高標準帶來的結果

改變會帶來結果，設定更高的標準會帶來結果。**當多一思考者設定了一個更高的標準，不論好的壞的，你都會經歷各種後果。**

好的方面顯而易見。當你的目標與標準一致時，你將享受更充實、更幸福的生活。當你在生活中的各個層面重複這個過程，你會經歷一個強大的蛻變。不僅會對自己更好，也會對別人更好。同樣地，別人也會明白，你對自己的待遇有更高的期望，而大多數人會尊重這個期望，對你更加尊重。

然而，**圈子裡的一些人會開始嫉妒你的自律和成功**。如果他們持續懷疑你，持續嫉妒，或者他們沒辦法一同分享你成功的喜悅，你需要重新考慮與這些人的關係。他們很快就會釋然，或者說難聽點，你可能會需要放手讓他們走。

標準越設越高，你也會變得更加堅韌不拔，能夠更快從挫折中站起來。更高的標準會成為習慣，取代過去那些較低的標準。**即使沒有完全成功，你失敗的位置也會比起跑點更高。**只要拍拍身上的灰塵，你就能繼續向新目標和其他更高的標準邁進。

設定更高的標準並不容易，但想想另一種情況，如果把目標放得太低，設定一些沒有價值的目標，制定一些無用的標準，那你最終只會過上一個平庸的生活，配不上你的能力，也無法得到你應得的一切。

第十一章　不可能的思考者和可能的實現者

一個人的生活哲學無法用言語完美表達，而是要從他的選擇看出端倪。長遠來看，我們塑造生活也塑造自己，這個過程直到我們死去前都不會結束。而且，我們所做出的選擇，最終也會是自己的責任。

——愛蓮娜・羅斯福（*Eleanor Roosevelt*）

「多一」最根本的道理，結合了思考和行動。

為了實現夢想中的生活，僅僅思考你想要做什麼是不夠的。你的思考可以很純粹很準確，**不過，除非把這些想法付諸行動，否則生活不會有任何進展。多一思考者同時也要是多一行動者。**為了用正確的方式將這兩大要素結合起來，我需要你成為一個不可能的思考者和可能的實現者。

學會思考並致富

如果你真的想要改善生活，我最推薦的一本書是拿破崙．希爾（Napoleon Hill）的《思考致富》（*Think and Grow Rich*）。全世界好幾代成功的商人、企業家、藝人、運動員還有那些經濟實力和目標較小的人，在閱讀了這本開創性的書之後都學到寶貴的一課，也成功突破自我，創下佳績。

身為多一思考者，我真心建議你去讀看看這本書，書中有提到幾個很好的工具能夠幫助你突破障礙，成為一個更有動力的不可能的思考者，也讓你勇敢去追尋大多數人都認為遙不可及的夢想。

你的夢想等同於財富。也許你的夢想是住在懷俄明州的一個牧場，再養幾隻牛；也許是成立一家公司，提供貧困地區乾淨的飲用水；你也可能夢想成為一個藝人帶來歡樂，靠著表演或以唱歌為生。

我發自內心地敬佩希爾和《思考致富》這本書，但我只想提出一個小問題，就是我覺得這本書作為當代高效表現的基石走得不夠遠。一九七三年，也就是這本書寫完的時候，那時的世界和現在完全不同。美國陷入經濟大蕭條，很多人面臨失業和飢荒，同時，歐洲的問題也在醞釀一顆未爆彈，就是後來的第二次世界大戰。那時的美國人需要希望，而在受到安德魯・卡內基（Andrew Carnegie）啟發後，希爾用這本書為美國人帶來了希望。

出版八十多年後，《思考致富》已經售出一千五百多萬本，對於所有想在任何領域發光發熱的人來說，這本書也是必讀之作。**《思考致富》中所有原則都對成功至關重要**。書中的策略時至今日仍然有效且強大，因此值得一提再提。

這些原則就是：

思想乃事物
慾望
信仰
自我暗示
專業知識
想像力

有條不紊的計畫
決策
毅力
智囊的力量
性的謎團
演變
潛意識
大腦
第六感

如果你讀過這本書，就會發現以上概念都和思想密切相關。但你無法僅靠思考就致富。

致富要透過行動。再具體一點，只有當思想和行動一致，才能變得富有、快樂、有效率。

「如果一個人的付出大於他所得到的回報，那麼他得到的回報很快就會大於他的付出。」

儘管希爾最有名的想法之一關乎行動，但他的書走得不夠遠。想要達到目標，你就必須把行動和思想結合起來。

思想是夢的起點，而你應該對自己有足夠高的期許。可悲的是**很多人一輩子只停留在做夢**，他們的夢想在思想階段就結束了。

當這些能夠有一番成就，能夠幸福美滿的潛力被白白浪費時，常常會讓人憤恨不平。**夢想的本質是那些看似瘋狂且不可能的想法**。你必須學會做夢，為自己的夢想種下那棵種子。

當你把不可能的想法和實際行動結合在一起時，才會實現所有的可能性。

把夢想當做是住在你身體裡的挑戰，這樣的挑戰不會為你帶來任何損失，是個健康的想法，我也強烈鼓勵你花時間努力思考一件事：什麼東西能夠幫你找到「你自己版本」的財富？

但不要止步於此。為了實現目標，你需要有**致富的心態**，同時付出**致富的行動**。少了行動，夢想和想法只會帶來挫折和沮喪。

多一思考者了解這一點，並套用牛頓第三運動定律的最新版本。大家都知道原本的定律是：「每個作用力都有一個大小相等、方向相反的反作用力。」而在實現夢想的例子中，這個最新版本是：「每個想法都有一個與之互補的行動。」**思想和行動是相輔相成的**。再次借用牛頓定律，多一思考者也清楚了解一件事：「想法的大小應該要等同於行動的力量。」

你不可能總是控制你的想法，這就是人類大腦的魅力所在。你的腦子裡面不會有錯誤的夢想。**問題在於誰都無法衡量你的或別人的想法，然而，你可以控制自己的行為，你做的事情也是可以衡量的。**

舉例來說，如果你在健身房鍛鍊，想要增加手臂的力量，兩組八下的啞鈴二頭彎舉可以變成三組十下。如果你想要改善心肺功能，三十分鐘的跑步機可以變成四十五分鐘。你也可以每週去健身房五天，而不是三天。

透過衡量行動來衡量你的進展，讓你能夠實現所有的可能性。付出行動會有風險和成本嗎？當然，一定會有，但是不採取任何行動的風險和成本要來得更大。**毫無作為會扼殺你的進展還有成長。**你的時間有限，那麼與其繼續坐以待斃，何不努力邁向你應得的生活呢？

成為一個不可能的思考者和可能的實現者

古今中外的哲學家一直以來都了解想法和行動之間的連結。希臘哲學家愛比克泰德（Epictetus）對他的追隨者說過這麼一段話：「不要擔心你無法掌控的事。你能夠控制的只有自己的想法和行動。我們的反應由自己決定，除了最好的那個自己，不要再對任何人抱有憧憬，因為在掌握之中的只有自己。」

《約翰一書》3:18告訴我們：「小子們哪，我們相愛，不要只在言語和舌頭上，總要在行為和誠實上。」

許多人發表過以下類似的言論，聖雄甘地就是其中一人，他說：

你的信仰會成為想法，
你的想法會成為言語，
你的言語會成為行動，
你的行動會成為習慣，
你的習慣會成為價值，
你的價值會成為命運。

馬克・吐溫（Mark Twain）的說法更加簡單但也同樣一針見血：「行動勝於空談，但人們總愛空談。」

成為一個不可能的思考者和可能的實現者，這並不是什麼新穎的觀念，問題是人們常常忘記兩者同樣重要。人們只卡在思考階段，而不付出行動的常見原因有：拖延、自我否定或是恐懼。

很多人看到一位美女會想著要約她出來，但沒有幾個人能夠不再拖延，突破恐懼並拿出膽量去完成這件事。你是否曾經看過一個很普通的男人摟著一位美女，於是你心想：「他是怎麼追到的？」**因為他是不可能的思考者，以及可能的實現者。**

嬰兒是很了不起的存在，拿學習走路這個簡單的事情為例。嬰兒的一生只知道，也只會爬行，後來看到其他人類站著走路，於是他們開始想像一個世界，在那個世界他們完成了獨自站著走路這項不可能的任務。起初，他們會抓著桌子或沙發把自己拉起來，他們會跌倒、會哭、會顛簸、會瘀青。不過最終，一腳在前，一腳在後，他們會站起來。令爸爸媽媽高興的是，寶寶會開始走路，就像他們自己以前一樣。從第一次學習如何站立，一直到最後能夠獨立行走，嬰兒需要練習好幾百個小時。這是一個重大的里程碑，值得每位父母慶祝。

如果一個嬰兒可以做到，你也可以成為不可能的思考者，以及可能的實現者。**你必須有鴻鵠之志，抓住機會，不論艱險並勇敢追夢。**無論是學習跳交際舞，股票當沖，或是在卡內基大廳表演，請利用你的潛意識，這樣一來，你很快就會付諸行動並邁向目標。

欣賞自己的默劇

讓我觀察你的行為舉止，我就可以說出你的思維方式。因為**你的行為反映了你的思考。**然而，你所想的並不總是反映你所做的。

這個觀念很重要，因為一旦了解一個人的思想和行動之間的關係，你就可以預測他們的行為。我相信這對每個人來說，都是一個實用的工具。以下我會舉幾個例子說明。

我沒辦法判斷你是否想要透過飲食控制減掉二十公斤，但根據你的飲食和訓練方式，我可以告訴你你的身材會是什麼樣子。你會在半夜大吃餅乾和冰淇淋嗎？還是你每週都會去跑步或者上健身房？

對一名女性來說，與男性的第一次約會往往會透露出幾件事情，讓她能夠判斷男生是個怎樣的人，以及是否要繼續這段關係。這些並不是淘汰的門檻，不過會是一種指標，例如，他是否會幫你開門？他如何對待餐廳的工作人員？和你相處的時候會不會把手機關機？或者有不得不接的電話時，至少他會不會向你道歉？**大家所謂的女人直覺，可能只是仔細觀察後的記錄而已。**

當你試著談下一筆大生意的時候，是否能夠從對方的肢體語言判斷出他有沒有興趣？他們是急著把事情做完，還是會提出一些重要的問題來深入了解這筆交易？他們是否對每個小細節非常刁鑽，還是他們明白最好的交易是雙贏的，並努力尋找你們的共同點？

在這些情況下，還有大多數與他人的互動中，**你所做的事情勝過你的想法**。生活不是基於想法，而是基於行動，讓我看看你做了什麼，我就能知道你在想些什麼。為了說明這點，我發明了叫做「**觀看默劇**」的東西。

如果和他人的互動都是無聲的，你別無選擇，只能根據對方的行為做出假設和決定。實際上，沒有聲音代表你不能聽到他們的想法。然而，儘管沒有聲音，你仍然可以透過觀看他們的默劇，知道對方在想什麼。

另一個方法是，下次在沙發上追劇時，找一個從沒看過的節目，並調成靜音。這個方法尤其適合浪漫喜劇，大多數情況，劇情會圍繞著角色內心的慾望發展，並在兩個小時內揭曉。試試這個遊戲，看你能不能只根據角色的動作推測出劇情。

你可能早就做過這種事情了。當朋友或家人在你追劇時打電話過來，你也不想暫停，就會把電視調成靜音。你們簡單的聊了聊，同時你繼續追劇，通常講完電話後也沒必要倒帶補劇情。你只會取消靜音，繼續追劇，也完全不覺得你錯過了什麼。

一致性是關鍵

一生中，**獲勝的關鍵在於如何與他人互動**。試著了解別人的想法是得到好結果的關鍵因素。不過，就像我所提到的，你不可能總是判斷出別人在想些什麼。沒錯，許多人的確會因為話太多而露出馬腳，但同樣也有很多人貫徹沉默是金來隱藏自己的想法。某些情況下，他們甚至會對你撒謊。

你拿來讀懂別人的小技巧，同樣也能套用在自己身上。**而保持思想和行動的一致，對成功來說是至關重要的**。儘管對許多人來說，讓思想和行動保持平衡是一大挑戰，**但只要用行動體現你的思想，就能讓兩者保持一致**。這就是為什麼最出類拔萃的人能夠成為不可能的思考者，以及可能的實現者。

訂下高標準並付出相應的行動，你便能享受成功和幸福。就如同英國醫師和哲學家約翰．洛克（John Locke）所說：「我一直認為最能夠詮釋人類思想的，就是他們的行動。」讓這些觀念在腦中牢牢扎根，你就更能付出實際行動，邁向目標。

我看過許多積極正面的人功成名就，但我也同樣看過許多疑神疑鬼的悲觀主義者飛黃騰達。我看過一群有遠見的人，有的贏，有的輸。我也看過一些短視近利的人，但卻取得了成功。我看過胸懷大志，積極進取的人名利雙收，也看過老派守舊的人事業有成。

沒有哪種思考方式一定能讓人成功，但只有一種行動和行為可以讓你締造佳績，也就是成為一個不可能的思考者，以及可能的實現者

反思馬丁・路德・金恩和《愛的力量》

如果你對我有所了解，你會知道對我來說，馬丁・路德・金恩是有史以來最傑出的人之一。我經常用崇敬的心仰望他，並將他作為心靈慰藉和知識的來源。我想分享他在《愛的力量》中提到的一段話，這段話對我影響深遠，而我希望他也能為你帶來一樣大的幫助。沒有什麼比這段話更能為本章下一個強而有力的總結了：

> 人生最大的悲劇之一，就是人們很少彌合工作和職業，還有做和說之間的鴻溝。這種持續的精神分裂，讓我們許多人可悲地和自己產生分歧。
>
> 一方面，我們自豪地宣稱某些崇高的原則，但另一方面，我們卻與之背道而馳。我們太常成為那個思想的巨人，還有行動的侏儒了。

我們滔滔不絕地談論自己的對基督教的承諾，但生活中卻充斥著異教徒的作法。我們宣稱對民主的熱愛，實際的作法卻可悲地與民主教義大相徑庭。我們熱衷於討論和平，同時卻努力為戰爭做準備。我們口口聲聲呼籲正義，卻又毫不猶豫地選擇不公不義的捷徑。

這種奇怪的二元對立，這種理想與現實之間的痛苦鴻溝，象徵著人生這趟旅行最大的悲劇。

第十二章　再一個習慣

你的淨資產通常會等同於好習慣減掉壞習慣。

——班傑明・富蘭克林

告訴我你的習慣，我就能說出你會有怎樣的人生。根據你的習慣，我可以準確地預測你的成就，因為生活中的成就，往往和你的習慣直接相關。

大腦知道習慣對我們來說有多重要，因為它是一個極度有效率的器官，只要可以，大腦就會為你節省能量。這意味著你可以把省下的能量，用在其他需要更多腦力的地方。

這和習慣有什麼關係呢？

你的大腦一直在試圖節省能量。

你需要理解這一點，因為這和改變習慣、養成習慣，還有最開始為什麼會「有」所謂的習慣有直接關聯。

為了確保你不用花費太多的能量在達成目標上，習慣會讓大腦下意識地採取行動，為你帶來想要的結果。**有了習慣，你的大腦就會知道你需要做什麼，並切換到自動駕駛模式**，就像是為了省油，把車子設置為巡航定速一樣。

想想看你有多少次早上起床後，都是刷牙洗臉、穿衣服和吃早餐。如果你的生活規律，在大多數日子裡，你很有可能就像夢遊一樣完成這些任務，然後才完全意識到你已經醒了，並準備開始你的一天。你知道那種突然被拉回現實的感覺，也就是早上第一個清醒的瞬間，而這個瞬間很少會在剛醒來就發生。

你能夠在清醒之前完成所有例行公事，都歸功於習慣。

這就是關鍵所在，一些研究已經表明，你採取的大部分行動都是習慣使然。

有些人每天早上八點前喝兩杯咖啡，從不間斷；有些人每天都在同一時間吃午餐。高爾夫選手在揮竿時會有自己一套嚴格的步驟；有在健身的人往往會在固定的時間去健身房，並做同樣的訓練內容。

有時這些習慣更具體，更規律，甚至讓我們更難意識到它們的存在。比方說，大多數人起床的第一件事就是洗澡或是刷牙，週而復始，一成不變。

那你呢？你起床的第一件事是什麼？你多常思考自己的這個習慣呢？

讓我們更深入一點吧

在本章，我們會進一步討論你的開關，但現在你要知道一件事，踏進浴室的時候，水是一個開關，開啟你洗澡的例行慣例。

你會先從洗頭開始嗎？還是先拿起肥皂洗臉，再洗身體的其他部位？當你想要放鬆，或者要開始計畫你的一天時，你會不會站著讓水沖你的背？

我敢打賭，你每天刷牙洗臉洗澡都會有自己的順序，而你一直都是不假思索地遵循這套流程，對吧？

這就是其中一個經典案例。

要開車去上班時，發動車子是你的一個開關，開啟如何開車上班的這個習慣。你可能會調一下後照鏡，繫上安全帶，打開收音機轉到你最喜歡的電台，然後在開車之前檢查油量。

因為你已經開車上班很多次了，大腦會進入習慣模式，讓你知道要怎麼做，也不太需要動腦思考。

發動車子這個開關啟動了一個你的習慣，讓你在通勤時省下大量的能量。

有無數個行為都是習慣，你不會去注意它們。你只是去做，而很多時候，這些習慣對你來說是好的。

但並非總是如此，有時你會養成壞習慣，而這些壞習慣對你毫無幫助。

當你發現自己有個壞習慣時，如果想要改善你的生活，請密切注意這個習慣，並付出相對應的行動，為自己想要的生活努力。

注意你的習慣

在壓力下，你的大腦往往會進入一個習慣模式。**習慣是反射性動作。**

舉例來說，如果你想保持健美等級的身材，但你的習慣是一週只去健身房兩次，然後飲食裡常常混入一些垃圾食物，那你一定沒辦法達成這個目標。

如果你想要的是一個親密且幸福的家庭生活，你有沒有每週安排一次和另一半的約會，或者和孩子們相處的時間？你是否會固定讓所有家人聚集在一起？大部分的時間裡，你們是否會一起在餐桌上共進晚餐？

這樣的習慣能夠為你打造一個幸福的家庭生活。

也許你希望生活更加平靜，但卻不培養禱告、冥想或者去教堂的習慣。如果不做這些事情，你要如何讓自己的內心處於平靜的狀態呢？

或者，你想要成為一個偉大的領袖，但卻沒有在生活還有工作上積極運用關鍵的領導原則，你也會很難達成這個目標。**每天為了過好生活而保持熱情非常重要，但培養好的習慣遠比這件事來得更加重要。**

美國小說家奧克塔維婭・巴特勒（Octavia Butler）曾說：「……忘記靈感吧。習慣更加可靠。無論你當下是否有靈感，習慣都會支持你。」

這可能會和你所相信的，還有你被教導告知的不太一樣，**有的人可以過上好生活，有的人只能接受爛生活，這些人最大的差異不是靈感和動力，而是習慣，這些你自己培養的，能夠讓你度過那些偷懶怠惰的日子振作起來的習慣。**

心情低落時，你會怎麼做？或者當你表現不佳時，你會怎麼做？在這些時候，你會用什麼方法持續向目標前進呢？

靠著你自己的老規矩和習慣。

靈感和動力說來就來，說走就走。但是老規矩和習慣一直都在。

養成積極和有效率的習慣會改變你的生活，而且好消息是，這只需要簡單幾個步驟就能實現，完全不需要複雜繁瑣的過程。

不過在學習如何做到這一點之前，要先了解習慣是如何產生的，為何我們如此依賴習慣，以及當一個習慣被觸發時，大腦內部會發生什麼反應。

習慣背後的科學

你要先理解習慣是如何養成的，以及為什麼你的大腦想用習慣來幫助你，再來學習升級習慣的方法才會更有意義。

如果我們整天都活在輕鬆的狀態下，生活就會相對容易許多，不過事實往往相反，我們經常活在各式各樣的壓力和緊張之中。這些壓力可能來自任何事情，像是支付帳單，和另一半的想法產生分歧，參加老闆或大客戶的會議，或者如果你是籃球員，可能是要準備投出比賽中的關鍵球。

一方面，你認為這些都是生活中正常的事情，然而，從神經學的角度來看，你的大腦無法區分這些事件，所以會把它們統一視為威脅。**當我們察覺到這些威脅，大腦會打開開關，脫離思考模式，進入反射模式**。然後我們就會退到已知的境況來保護自己。

這些我們已知的境況就是習慣。

從生物學的角度來看，面臨威脅時，你的下丘腦會啟動腎上腺，使之釋放腎上腺素和皮脂醇。腎上腺素會增加你的心率，提高血壓和能量水準。皮脂醇是身體主要的荷爾蒙，會釋放葡萄糖到血液中，這將打開身體的幾個功能，包括大腦中控制情緒、動力和恐懼的警報系統。

另外，**面臨壓力時，你會進入習慣模式，如果沒有養成正確的習慣，就會陷入憂鬱、絕望和恐懼**。當這種情況長期並反覆發生，會導致慢性焦慮、心臟疾病、睡眠問題、體重增加、消化問題、記憶力和注意力退化等等。

相比之下，如果培養了正向習慣，你的身體會製造多巴胺。多巴胺會讓你心情愉悅，而心情愉悅讓你減少能量消耗，同時保存更多能量，這也是大腦與生俱來就盡力去做的事情。

如果你的習慣和自信、力量、熱情、毅力還有平靜有關，那麼當壓力來臨時，你會反射性地用這些情緒來面對。

多巴胺神經徑路（Dopamine pathways）控制了基底核（basal ganglia）的運作。基底核位於大腦的「基部」或底部附近。這個核團有廣泛的作用，包括與各種認知、情緒和運動相關的功能。

接著我會說明這一切是如何跟習慣聯繫起來的。

透過累積經驗，大腦會學著適應和改變，這被稱為大腦可塑性或神經可塑性。

神經元是建構大腦和神經系統的積木，神經可塑性代表神經元可以被重新連接，發展出新的路徑，並建立新的連結。

當基底核參與神經塑造的過程時，就會產生新的習慣。

神經可塑性讓你能夠學習新事物，提高認知能力，在中風和腦外傷之後恢復痊癒，並加強已經失去或者正在衰退的一些大腦功能。

現在，讓我們利用這些科學知識來培養「多一個習慣」。

開關、行動、獎勵

身為多一思考者，你的目標是培養新的習慣，讓你專注於釋放多巴胺，並盡量減少遇到威脅時所釋放的腎上腺素和皮脂醇。請記住，習慣和你的情緒直接相關，而這些情緒都源於基底核，也都由基底核所控制。

不管你是否有意識到，這些習慣性的情緒正控制著你。因此，**當你重塑情緒，同時也會重塑你的習慣**。習慣在生活中占了很大的比重，所以當你調整思維方式和培養正向積極的習慣時，便能在你有興趣的領域大幅進步。

培養新的習慣包括三個步驟：**開關，行動，和獎勵**。

開關

刻意思考並不斷重複，這兩者是培養新習慣的關鍵。

為了做到這兩點，你要做的第一件事情是：列出為了達到某個目標所需的習慣。要具體一點，並把它們寫下來。

舉個例子，如果你的目標和健身有關，你需要養成哪些習慣呢？你需要什麼樣的運動、飲食、蛋白質攝入量和喝水習慣來達成這個目標？

接著，列出達成目標這條路上會阻礙你的習慣。可以從面臨壓力時會有的情緒開始著手，你是否會急躁、憤怒、恐懼、過度緊繃或失去信心？這些習慣性的情緒會決定你的行動。

過程中可以問問自己：「當我處於壓力之下時，充斥這些消極的情緒，或是更積極的情緒，像是冷靜和專注，哪樣會為我帶來更好的結果呢？」

請記住，大腦一直在試圖找到一種保存能量的方法，而大腦的方法是盡可能地提供你最少的選擇，並把習慣焊接在你的潛意識中。

當大腦察覺到一個會影響你的行動時，就會打開開關，基底核準備作出反應。**只要可以，大腦就會讓習慣變成你的主要反應。這就是為什麼你需要提前養成合適的習慣。**一個正向積極的習慣反應，更有可能讓你釋放多巴胺。

行動

所謂的行動，是指你在高度警覺的狀態下所做出的反應。

假設你是一名棒球運動員，當你踏入擊球區時，身體會自動意識到事情的重要性，也會認知到你需要專心應對這項任務。

你的身體無法分辨你現在是在打比賽，還是在逃離失火的房子。身體只明白一件事，就是大腦必須用盡全力，使出渾身解數來處理這件事情。

身為一名打擊手，只要有更好的習慣，踏上擊球區的時候你就會更有信心。而大腦和身體會做出反射動作，用棒球術語來說的話，你更有機會進入「全神貫注模式」，提高打出好球的機會。

讓我給你舉一個例子，向你說明我是如何幫助運動員改變習慣和運動表現的。

當你是一個競爭者時，無論參與什麼樣的比賽，遲早都會遇到低谷。如果你是高爾夫選手，可能會推桿失誤；如果你是籃球員，可能會罰球失誤；如果你是業務，可能會讓幾十次成交機會從手中溜走。

你該怎麼辦呢？你需要建立一個新的習慣。

要怎麼建立新的習慣呢？你需要先**建立一個新的開關**。

當我在幫助棒球的打擊手時，我會先讓他們改變他們的開關，改變讓他們進入習慣模式的那個開關，也就是改變他們進入擊球區後做的第一件事。比方說，他們在揮棒前不是敲擊投手板一次，而是三次。我也有可能讓他們調整自己的手套，或者練習揮棒的次數。這些小細節都可以觸發一個新的習慣。

這些事情可能看似無關緊要，但當你有意地去做時，就能夠擺脫對你不利的習慣，並強迫大腦進入一個新的思維模式。**細微的調整就像開關，能幫助你建立新的習慣**，並大舉增加你上場表現的機會。

同時也要明白一件事，想讓大腦改變習慣需要不斷重複。用正確的行動去培養更好的習慣需要練習，很多很多的練習！

你不能指望只做一次就變成一種習慣。根據你想要做什麼，或是想要改變什麼，養成並掌握新習慣，可能會需要幾天甚至是好幾個月的時間。

馬克．吐溫（Mark Twain）曾說過一句很重要的話：「誰也不能把習慣直接扔出窗外，只能一步一步把它哄下樓。」

當你有耐性，也有心想要改變，大多數時候三十天左右就可以養成一個新的習慣。不過也不能就因此偷懶，你必須付出努力，思考自己正在做什麼，也思考在你真正養成新習慣前想要達成的目標。

獎勵

獎勵就是最終的報酬。當你養成一個新的習慣，並達成目標，身體就會釋放多巴胺。多**巴胺會讓你想要再享受一次達成目標的感覺。大腦釋放越多多巴胺，你就會越想要重複養成習慣變成目標的整個過程。**

獎勵會是什麼樣子呢？

獎勵可以很簡單，可以是上了一壘後的慶祝，可以是簽下一筆交易後的一次擊掌。有時行動本身就是獎品。可以是一次全壘打，可以是一次成功的銷售，也可以是約會時另一半的神情。也可能是個完美的一天，在你把今天的事情都做好做完之後，靜靜地小酌放鬆。

當你重新設計開關並改變行動，大腦會做出對你有利的反應，因為你讓思想、言語與行動都保持一致。大腦會停止和自己的鬥爭，然後好好地犒賞你。

你可能會問自己，獎勵很重要嗎？當然，超級重要！

當你獎勵自己，**就是在加固自己的開關和行動**。藉由大腦中的化學反應，你會維持住這個好的習慣。

改掉壞習慣，建立好習慣並獲得更多獎勵，能夠提升你整體的狀態。每落實一個新的習慣，你就會過得更快樂，因為你在進步，同時也變得更有效率。

我在本書開頭曾提到，這不是一件難事，事實也是如此。培養一個新習慣真的不需要想太多。

一、**建立新的開關**
二、**付出新的行動**
三、**享受你的獎勵**

大腦的本能會讓你不斷做出你「習慣的事」。養成正確的習慣，你就能節省時間和精力。大多數情況下，神經可塑性會讓你在短短一個月內就養成一個習慣。

檢視你現在的情緒，然後想想怎麼建立新的習慣。同時，也想想怎麼戒掉那些不良習慣。當你試著找尋「多一次的機會」來建立新的習慣，就會發現一條通往更幸福人生的道路。

也許最重要的是，**再一個習慣不僅可以改變你的生活，還能拯救你的人生**。健康飲食，規律運動，充足睡眠，做你有興趣的事，在社區當志工以及其他類似的習慣，都應該是你要積極追求的東西。

我在本章開頭說過：「告訴我你的習慣，我就會說出你會有怎樣的人生。」希望這段話現在聽起來更有意義。

習慣和結果息息相關。如果能夠穩定掌管自己的習慣，就更能控制我們會達到的成就。

這就是為什麼身為一個多一思考者，要了解習慣背後的科學，並積極地用行動改變生活。

第十三章 再一個倍增者

「整體大於部分的總和。」

——格式塔心理學（*Gestalt psychology*）的指導原則之一

你有多少次感覺自己的能力超越了當下的任務所需？感覺自己的能力可以帶來超乎預期的結果。**你可能會覺得自己是某種特殊的存在，卻說不上來到底哪裡特殊**。因為某些原因，普通的東西會變成神奇的東西。

通常，只需要一件小事就能實現。這件小事可以很細微，也可以很明顯，就可以為你帶來天地翻覆的改變，引發海嘯般的乘數效應。

團隊氣氛的動力

改變是很自然的事情，有時是你主動尋求改變，有時改變會找上你。**不要害怕改變**。當你接受新的事實，可能就會發生最神奇的事情。一項實驗，可能會有永遠不變的控制變因，也會有不斷改變的操作變因，而讓實驗開花結果的往往是操作變因。

你和其他人的互動也是如此。**生活有一部分是不變的事物，其他部分則是會發生變化的事物，這些變化會帶領你朝新的方向前進**。不論是商業、運動、家庭或者任何其他類型的關係，情況都是如此。只要增加或者減少變因和團隊成員，就會改變團隊的整體氣氛。**好的團隊氣氛會帶來乘數效應**，不好的團隊氣氛會讓努力化為烏有。而好的團隊氣氛需要天時地利人和。

一九八〇年美國男子曲棍球奧運隊是一個很好的例子。賀伯・布魯克斯（Herb Brooks）教練組建了一支隊伍，擊敗占盡優勢的俄羅斯隊並奪得金牌，他被大家稱為「冰上奇蹟」，也是他賦予了團隊氣氛一個新的定義。

當時這場勝利可說是不可能的。幾年後在電影《冰上奇蹟》（*Miracle*）中扮演布魯克斯的寇特・羅素（Kurt Russell）說出一句令人難忘的台詞：「我在找的不是最好的球員，而是合適的球員。」

每個人都喜歡自己的隊伍之中有明星球員，但如果明星球員的天份干擾到整個團隊，甚至讓團隊感到挫敗，那你就要仔細想想他到底適不適合留在團隊裡。

好的團隊氣氛需要信任、尊重還有忠誠，團隊成員也要追尋各自的目標。好的團隊氣氛重點在於分工和克服困難，以及提高整體的勝率。團隊合作還有犧牲小我完成大我，代表為**團隊目標努力，將自我放在一旁。**正所謂眾人同心，其利斷金。

《傳道書》4:12告訴我們：「有人攻勝孤身一人，若有二人便能抵擋他，三股合成的繩子不容易折斷。」了解團隊和個人的弱點，然後關鍵在於針對這些弱點，每天改進。**僅靠天賦是沒辦法成功的，還要為長遠的成功付出努力。**

然而，當人才遇上這些關鍵要素，就會營造出良好的團隊氣氛，並帶來「多一個」乘數效應，讓所有人超越巔峰，締造佳績。

偉大的事物互相吸引

用最簡單的說法，當倍增者能夠發揮他們所長……

1＋1＝3

無論生意或是人際關係，當你吸引了正確的人，能夠和你互補甚至提升你的狀態，這段關係就會大於你們兩個的總和。因為明白這一點，所以成功人士會去尋找志同道合的夥伴。**偉大的事物可以單獨存在，也經常是獨立存在，但聰明人知道單槍匹馬往往很難拿到最好的成績。**

挑戰偉大的事物可以讓你調整到最佳狀態，這樣的挑戰可能會讓你感覺在逆風而上，也可能讓你更接近目標。**婚姻的基礎完全建立在一致之上，兩人合二為一，但這個「一」會大於兩人婚前狀態的總和。**

「他讓周圍的人變得更好。」這樣的話你聽過多少次了？倍增者會尋找有意義的挑戰，還有能夠鞭策他們不斷進步的人。麥可・喬丹本身就是一名強悍的球員，但當他和史考提・皮朋（Scottie Pippen）聯手時，便主宰了整個籃球界。

你知道賈伯斯在蘋果公司的成就，你可以說賈伯斯天生就是要幹大事的人，但你不能否定他和史蒂夫・沃茲尼克（Steve Wozniak）合作的共同成就。他們兩人聯手掀起了個人電腦的革命，並建立了有史以來最成功的公司。

有時候，倍增者會用不同的方式出現。許多人認為菲爾・傑克森（Phil Jackson）是芝加哥公牛隊王朝的關鍵。派特・萊利（Pat Riley）也是，因為他在「Showtime」時代帶領洛杉磯湖人隊拿下四次冠軍寶座。

不要低估倍增者，他們同時也是很優秀的招聘人員。有能力的人才會希望和其他有能力的人才共事並互相切磋。**他們享受和同級別的人共同競爭，以及彼此之間的同袍情誼。**他們也明白有才華的人共同努力時，就有可能得到卓越的結果。

他叫小湯瑪士・愛德華・派翠克・布雷迪（Thomas Edward Patrick Brady, Jr.）

你可能更熟悉湯姆・布雷迪（Tom Brady）這個名字。

他的事蹟已經被大家講了成千上萬遍，對於他傳奇般的成功我也沒什麼特別的地方可以補充。我能做的是告訴你，湯姆・布雷迪甚至可以從一支球隊的核心人物，變成另一支球隊的倍增者。

二〇二〇年，湯姆・布雷迪成了坦帕灣海盜隊的倍增者。在布雷迪的帶領之下，球隊從一年前的常敗軍變成了二〇二一年的超級盃冠軍。**你可能很難想像湯姆・布雷迪不是主角，而是任何事情的倍增者。**畢竟他曾經是新英格蘭愛國者隊王朝連續二十個賽季的核心，累積了十六次分區冠軍，以及六次的超級盃冠軍。

然而，跟生活中的任何事物一樣，美式足球員的職業生涯也有有效期限。大多數人會在期限來臨之時高掛球鞋，但湯姆．布雷迪跟大多數人不一樣。當Covid-19肆虐之時，美國急需一位英雄，湯姆．布雷迪「再度」寫下了一個灰姑娘的故事，也鞏固了自己在美式足球史上最偉大球員的地位。

當時布雷迪和坦帕灣海盜隊簽下兩年五千萬美元的合約，這件事讓許多人驚訝不已。海盜隊在二〇一九年以令人失望的七勝九負結束該賽季，管理部門的人認為球隊的基礎良好，所以簽下布雷迪的風險不大。後來事實證明，豈止風險不大，他們撿到了最划算的商品。

布雷迪為整個隊伍帶來一種戰士心態，讓隊友們打出他們職業生涯中最好的比賽。隨著布雷迪的加入，他們的求勝意志變得截然不同，布雷迪成了最厲害的倍增者。

和他在整個職業生涯所做的一樣，**布雷迪也清楚地表達他對於隊友的期望**。他始終相信：「你不能在週三的訓練中表現平平，週四表現平平，週五表現還不錯，然後期待在週日打出好成績。」舞台已經準備好了，就像所有倍增者會做的那樣，布雷迪招募了一大批具有天賦，同時也想與他同隊打球的球員。

請注意一件事：倍增者會互相吸引。

簽下布雷迪不久後，海盜隊在跑衛上增加了雷納德．福內特（Leonard Fournette），並和愛國者隊換來了羅布．格隆考夫斯基（Rob Gronkowski）。賽季末時，又以自由球員的身分簽下了安東尼奧．布朗（Antonio Brown）。這段期間，球隊扭轉局面，於常規賽取得了十一勝五負的成績。

布雷迪在他職業生涯早期時說過：「對我來說，美式足球在很大的程度上就是不屈不撓，就是使盡全力，付出一切來幫助球隊獲勝，你有很多方式可以做到這一點。」這也完全是他在二〇二〇賽季的真實寫照。

這可能不是大家會首先想到的，不過義無反顧的心態是倍增者的專長，這樣的心態會吸引天賦異稟的人才，也是建立冠軍隊伍的關鍵要素。為什麼義無反顧會如此重要呢？因為在海盜隊以三十一比九獲勝的超級盃冠軍賽中，除了萊恩．薩科普（Ryan Succop）的射門得分以外，布雷迪和那些「多一人」貢獻了海盜隊得到的每一分。

布雷迪到底有多偉大呢？他是美國四大運動第一個四十歲之後還在兩支不同隊伍贏得冠軍的職業運動員，還是ＮＦＬ史上第一位在同一年季後賽打敗三位超級盃前ＭＶＰ的球員，他打敗了聖徒隊的德魯．布里斯（Drew Brees），包裝工隊的阿隆．羅傑斯（Aaron Rodgers）還有酋長隊的派屈克．馬霍姆斯（Patrick Mahomes），布雷迪戰勝了他們所有人！

湯姆・布雷迪帶給隊伍平靜的心態、無與倫比的職業道德、聰明才智還有對他人堅定的期望，並樹立了一個倍增者的標準。在他的職業生涯，布雷迪的話被引用了成千上萬次，曾經有人問到他最喜歡哪個超級盃冠軍戒指，在我看來，布雷迪當時的回答最能凸顯他的貢獻還有人格特質。

他說：「下一個。」

替團隊尋找合適的倍增者

雖然像培頓・曼寧這樣的球員有無庸置疑的天賦，不過如果一支隊伍裡有兩個培頓・曼寧就真的太浪費了。曼寧需要有同等天賦的接球員來接住他的傳球。如果沒有像馬文・哈里森（Marvin Harrison）這樣優秀的接球員，曼寧或許還是可以有一番成就，不過他會是那個傳奇球員嗎？

以哈里森來說，他和曼寧一起打球的表現良好。他曾八次入選NFL明星賽職業盃（Pro Bowler），並以超過一萬四千的接球碼數結束他的職業生涯。哈里森一共接下了一千一百〇二次球，僅次於歷史上接球數最多的傑瑞・萊斯（Jerry Rice）。哈里森接過的球中，有九百七十一次都是曼寧傳給他的，他們兩個共同霸占了所有四分衛對接球員的歷史紀錄，包括最多觸地得分、成功傳球率和傳球碼數。

加入正確的「多一人」會產生乘數效應，這樣的協同作用通常很難用言語描述。有著共同標準和目標的兩個人，或者一個團隊，往往能夠不斷往上爬，擊敗那些更有天賦，卻缺乏良好團隊氣氛的團隊。

和倍增者共事

在商業、運動或者任何團隊中，只要找到那位「多一人」，就會改變整體的能量水準、團隊互動和最後的成果。**當大家都認可倍增者的領導力，相信他們能為團隊帶來的影響時，就會產生一種涓滴效應**（trickle-down effect）。如果可以為自己的團隊找到合適的倍增者，並遵循以下原則，相信你一定能更加成功。

- **教導他們更大的格局**。倍增者喜歡思路清晰的人，他們往往在責任範圍之外也能做出貢獻。理解大格局的重要性，可以讓他們成為團隊中更好的一份子，而不是眼裡只有自己的目標。

- **給他們發言權，讓他們為團隊貢獻**。儘管倍增者通常都比較安靜內斂，但他們是天生的領導者。他們的成就會吸引別人，湯姆．彼得斯（Tom Peters）說過：「**領導者不會創造追隨者，而是創造更多的領導者。**」當團隊中有更多人擔起領導的責任時，每個人的負擔都會減輕，隊友們也會尊重和聽取倍增者的意見，並相信他們會像之前一樣，保持良好的表現。
- **讓你的團隊自動自發**。在被賦予決定權的情況下，倍增者做事會更有效率。不要管理他們所有大小事，在情況允許的時候給他們權利做決定。如果有機會，可以考慮看看讓隊伍裡的巨星去領導他人，這樣做可以讓巨星和團隊成員共同成長。
- **消除障礙，讓他們在自己最擅長的領域發光發熱**。你手上有沒有一個超級銷售員，他花太多時間在處理文書工作，還有一些無意義的報告上？你會把資訊科技部門表現最好的員工調去人資嗎？會計師一定可以勝任行銷人員嗎？擬定好你的策略，把倍增者放在他們最喜歡也最擅長的地方，然後不要打擾他們。
- **制定挑戰，讓他們保持競爭力**。這不代表一定要挑戰隊友，通常，教練會讓一個倍增者球員和自己競爭。如果你去年的打擊率是三成，今年要怎麼進步到三成五？如果你去年的銷售額是兩百萬美元，今年要怎麼做到兩百五十萬？競爭讓倍增者茁壯成長，你只需要提供他們所需的工具，然後觀察他們如何運用即可。

- **領導者需要放下自尊**。你必須把團隊的需求放在第一優先，並擬定策略，讓倍增者可以最有效地為團隊貢獻。
- **一定要聽取大家的反饋意見**。要清楚明白什麼是藉口，什麼是真正拖累倍增者和整個團隊的罪魁禍首。
- 最重要的是，**學會在適當的時機領導，並在適當的時機放手**。不要濫用比賽暫停、電子郵件、備忘錄、銷售會議還有像是「我們必須談談」這類的討論。

和倍增者一起工作很有挑戰性且令人感到無比興奮。你不能太過被動或直接坐視不管，倍增者沒辦法接受這樣的主管。

你必須拿出最好的表現，我保證，你的努力不會白費。

第十四章　再一點麻煩

「衡量一個人最好的方法，不是看他一帆風順時的心態，而是看他如何面對挑戰和爭議。」

——馬丁・路德・金恩博士

關於世界的運作方式，有一個簡單但千真萬確的事實：**方便和偉大的成就無法共存**。這兩者是完全互斥的，如果可以接受很多美好的事物都是得來不易的，那麼你就正式踏上成為多一思考者的旅程了。

所謂的麻煩就是你必須克服挑戰，才能完成重要的事情。這些麻煩可以是任何事情，比方說在攻讀碩士的時候早上五點起床準備七點和教授見面，或者每週跑一百二十公里備戰第一次馬拉松，儘管腳已經長滿水泡讓你痛苦不堪仍不放棄。也可能是分娩前連續四個月的晨吐，或者為了成為公司的頂級業務，每週花六十個小時在工作上。

就算做了這些麻煩的事，也不代表你一定會成功。但是如果逃避眼前的困難，讓自己過得舒適，你就沒有機會到達你想要的人生境界。

接納生命中的麻煩

想想看生命中最美好的那些事物，得到它們之前，你很有可能要先面對許多的麻煩。像是拿下一場比賽的冠軍、增肌十公斤同時降低百分之五十的體脂、升官或加薪，為了達成這些目標，你犧牲了生活中的某些事物。儘管心甘情願，但這些犧牲多少也會為你帶來一些不便。

然而，這些成就的另一面，是你生活中最珍貴的回憶、故事、關係和財產。這就是為什麼，雖然聽起來怪怪的，但**如果想要一個充實幸福的人生，你就必須接受這些麻煩，讓它們成為一種生活方式**。

一個簡單的小問題：「如果你有一個每天或每週的『待辦』清單，你會如何著手處理它們？」

通常，為了讓自己有成就感，我們會從簡單的事情開始。因為大家都喜歡簡單的事情，有時候完成簡單的事情還要慶祝一場，就慶祝一下吧！如果你想要的話，但這樣只是在慶祝自己的平凡和普通。

如果在一天的最開始，你就先處理最麻煩棘手的事情呢？不是「最重要的事」或是「害怕的事」。**一開始就先處理最麻煩棘手的任務**。做難事會成就你的人格，讓你鶴立雞群。當你處理困難、有挑戰性又麻煩的事，馬上就會意識到你最渴望的夢想就在山的另一頭。

給自己壓力去處理麻煩事也不是正確的心態，你還得享受做這些麻煩事。我保證這樣做你就會成為一個更快樂的人，**因為滿足感和自尊心其實都建立在完成麻煩事之上**。

不過大多數人會避免麻煩，而不是擁抱麻煩。這樣的缺點在於我們永遠都不會知道自己的極限在哪，或者更好的自己是什麼樣子的。

麻煩和爭議之間的關係

當你決定要做些大事，請做好準備。**你會遇到許多爭議，爭議會讓你感到麻煩，而麻煩**

讓你感到不快。

順其自然，放鬆或者耍廢，這樣的話你永遠都不會被影響到，永遠不會覺得不舒服，永遠不會覺得麻煩，但你也永遠成不了大事。

如果你是個領導者，無論是一家公司的CEO、球隊的隊長甚至是家庭裡的大家長，**你必須為其他人設下挑戰，試著讓他們也去做那些不舒服的，麻煩的事情。**這是他們也能成就大事唯一的途徑。身為領導者，這是你工作的一部分。

偉大的領導者往往也是偉大的導師。你會引領人們成為多一思考者，讓他們克服不方便並從中成長。不論是在公司、團隊或者家庭，你要創造一種挑戰的文化，去挑戰那些未知、困難和麻煩的事情。如果你在這部分夠努力，那麼整個團隊會將會有驚人的成果。

如果把這些短期內達到的成就加上時間的累積呢？**當你不斷做這些麻煩事，連續做了一個月、一年甚至是十年，想像一下你會有什麼樣的可能性。**當你養成做這些麻煩事的習慣，你可以想像人生會有多麼精彩嗎？

麻煩和成就之間的關係

如果什麼事都求一個方便，那你就無法實現最遠大的抱負。想要維持健康絕對不是一件輕鬆的事，一段理想的關係也往往得來不易。想要功成名就，想要戶頭裡有誘人的金額，將會是大到你難以想像的挑戰，絕對不是唾手可得。**當你過著方便的生活，就是和偉大的成就背道而馳。**你或許會喜歡一個得來不費功夫的東西，但它永遠比不上那些必須經過奮鬥和努力才能摘下的果實。

大腦不只會追求舒適和便利，對許多人來說，當我們認為自己已經達到人生中的某個里程碑時，也會選擇適當的放鬆。我們常常告訴自己，我們只想要最好的結果，甚至有可能會追求一個更高層次的生活，但實際上，**我們常常選擇避開麻煩和衝突。如果做出這樣的選擇，我們其實就只是在原地踏步。**

為了進一步合理化自己的努力，我們甚至會爭取別人的認可，證明自己是在正確的道路上。這些人往往是沆瀣一氣，和我們一起沉溺在自我欺騙之中。如果你覺得我在說你，請不要感到自責，因為很多人都會遇到這種情況。我們也會忽視自身的價值和能力，然後去和他人比較。**模仿他人是一種方便的行為**，當我們成為自己人生中的領導者，就不會再去模仿其他人。我們會意識到這段旅程只屬於自己，你完全可以借鑑他人，作為靈感和知識的來源，事實上這也是必要的。

然而，你要有足夠的判斷力，知道要在哪裡劃清界線，挑出有用的訊息並妥善利用。這並不是說你不該讓自己的生活過的方便點，但在實現你的目標，以及設定你的標準時，你要理解方便這件事扮演的角色為何。**你要和舊有習慣對抗，並培養能夠幫助你達成目標的新習慣。**這些目標會是你對自身價值的評估，你還需要搭配對得上這些目標的標準，努力達成目標並邁向更好的生活。

暢銷作家村上春樹說過：「做你所愛的事情，而不是做方便的事情。」如果只圖一個方便，你的成就將遠遠比不上那個為了目標奮不顧身的你。

你的人生為什麼需要麻煩事

如果此時此刻你正面臨一些挑戰，這可能是一個跡象，代表你正在經歷特別的事情。可能是一件獨一無二的事情，甚至是一輩子只會遇到一次的事情。**要明白，麻煩和問題之間有很大的差別。**

《我需要知道的一切》（*All I Really Need to Know*）的作者羅勃・傅剛（Robert Fulghum）這樣子解釋：「人生路上凹凸不平，結塊的燕麥粥，情緒激動時的哽咽，以及乳房裡的腫塊都是不一樣的起伏。我們應該學會區分其中的差異。」

學著辨識出麻煩跟問題之間的差別。做到這一點後，我來告訴你為什麼人生需要充滿麻煩。隨便找一個億萬富翁，問問看他發家致富是不是一件方便容易的事。這些億萬富翁或許享受挑戰，但他們也會告訴你，這是他們一生中最麻煩的旅程之一。

如果你覺得星期五晚上大家都出去喝酒聚會，自己卻獨自留在辦公室，是一件容易的事情……

還有當你已經為了夢想拚命工作，但卻不斷面臨虧損，是一件容易的事情……

或者對不斷尋找新的潛在客戶感到疲憊不堪，也是一件容易的事情……

……那麼對於我多年來為了成功所面臨的掙扎和挑戰，你就是一無所知。

一件大家都有同感的事情是：如果你問某人減掉二十五公斤、三十公斤甚至五十公斤的體重是不是很輕鬆，你覺得對方會給出什麼樣的回覆？很多人無法減重是有原因的。我們都知道脂肪讓人很不舒服，但對許多人來說，儘管好處再多，減肥仍是個更不舒服的挑戰。剛開始健身時，你覺得肌肉酸痛還要去健身房是一件容易的事嗎？還有提前備餐，或者戒掉你愛的垃圾食物，這是一件容易的事嗎？人們其實沒有特別重視速食成癮的嚴重性，但許多人在大麥克快速、方便和美味的誘惑面前毫無招架之力。當你對氣泡飲料上癮時，就連每天喝四公升的水都會讓你感到十分麻煩。

重點是：麻煩是一種挑戰。

麻煩事真的不簡單，不過長遠來看，過得太輕鬆對你更無益處。

還有一件事。

輕鬆的事不會持久。如果不付出努力，你所擁有的東西遲早會消失，可能會平白無故被奪走。缺乏靈感，缺乏活力可能會讓你掉鏈子，**或是你的命運只會跟你說一句：「夠了。」然後宇宙的力量會給你不同的境遇，而這些境遇往往只會更差，不會更好。**

多一思考者會挑困難和麻煩的事情，因為他們明白這些事情背後的意義。**他們優先著手處理麻煩的事。**當你意識到時間過了就過了，生活就會變得更有意義。人生只有一次，也無法倒帶，而**浪費時間是你能夠對自己犯下的最大罪行之一。**

找一段麻煩的關係

你沒有辦法獨自探索這個世界。在一段關係中，你尋找的是什麼？是信任嗎？還是尊重？同情？誠實？良好的關係建立在許多基礎的支柱之上，但我打賭你從來沒想過其中一根支柱會是麻煩。事實上，**建立在方便之上的友誼和愛不是高品質的關係**。最好的關係不是方便的時候在你身邊，而是麻煩時也能伴你左右。

當你遇到麻煩的時候……

當你需要幫助的時候……

儘管可能有點麻煩，但那些和你親近的人會陪著你，並願意犧牲自己的某一部分。你可能會需要錢，或者一個可以靠著哭泣的肩膀。可能你的車拋錨了，所以有一個星期都要朋友接你上下班；也可能只是單純需要一個願意傾聽的人。**你要學會分辨兩種人，一種是有空的時候花時間陪你的人，還有一種是騰出時間陪你的人**。

你有看出其中的差異嗎？

隨著時間的推移，那些方便的關係會露出原形。**遇到困難時，只需要一個動作就能證明一段關係的價值**。好朋友和另一半如果說出一些不中聽的事實，他們往往不是要傷害你，而是想幫助你。所以與其生氣，你反而要感激對方。**事實聽起來再怎麼刺耳，你也要好好珍惜。**

當某件事情不會直接影響到你，但你卻要為其忍耐或犧牲，這件事一定會有點麻煩。珍惜願意為你這樣做的人，因為這是一個標誌，代表著他是你希望自己人生中會存在的那一類人。犧牲大於方便，當你願意承擔另一個人遇到的麻煩時，這段關係之間的橋樑會是一輩子的。**這個道理也適用於你和你所信奉的神，建立在方便之上的信仰是空洞的，**只有在遇到麻煩時請求幫助，你才能夠感受到你和信仰之間的緊密與神性關係。需要幫助時能夠互相扶持，遇到困難時能夠彼此協助，這會是你想要尋找的一段關係。

你想要方便？去速食店點份四盎司牛肉堡加起司最方便不過了。你想要的應該是人生中有一群人，他們願意，甚至樂意和你共同承擔麻煩，**這直接反映了他們的人格特質，還有他們尊重你的程度。**

發掘正確的麻煩

問問看自己這些問題。

- 我想要怎樣的人生？
- 我的人生中想要有什麼樣的人相伴？
- 我要用什麼樣的標準達成目標？

如果過上一個方便輕鬆的生活，你有辦法得到你要的答案嗎？我會幫你省去思考這個問題的時間，答案是一個大大的……

沒有！

有了這些答案，你就能更了解在生活中你要忍受多少，還有什麼樣的麻煩。不過，你要怎麼確認這些答案的可信度呢？

很簡單。

世界上最傑出，也最有生產力的人會追求麻煩的事情，並且用平靜的心態去處理它們。心如止水是關鍵。當你能做到內心沉著冷靜，尤其是在遇到困難的時候，你就會知道你已經發掘出正確的麻煩。

做出多少承諾，就會有多少麻煩。就像傳奇激勵演說家肯．布蘭查（Ken Blanchard）所說：「興趣和承諾是不一樣的。如果對某件事有興趣，你只會在方便的時候去做。如果對某件事做出承諾，你不會找任何藉口，你只接受結果。」

只接受結果，就是在實踐一種內心平靜。因為你只接受一種結果，所以能夠擺脫分心還有較差的表現。你沉著冷靜，因為道路足夠清晰。

在處理麻煩事的時候，內心平靜是不可或缺的。無法保持內心平靜，最後只會精疲力竭。**除非用正確的心態對待生活，否則你無法撐過這些麻煩事，並上升到另一個層次。**內心平靜再怎麼重要，太多的話也是會物極必反。

有些人真的很平靜，太平靜了。他們做什麼事都非常平靜，卻從不嘗試任何困難的事情。這會造就一種虛假的內心平靜，想要成功，你需要結合麻煩還有內心平靜。內心平靜是一種情緒控制，根植在你的思想之中，麻煩的事則是基於你的行動。

這並不容易，多年來我一直在為這個問題掙扎。我一直很擅長做困難的事情，但我不是每每都能保持內心平靜，就算成功了，也都是伴隨著過多的混亂和壓力。我並不孤單，許多成功人士每天都在做麻煩的事情，而且他們並不快樂。

對這些人，我想說：**「如果你不能用平靜的心態享受這美麗的恩惠，你就會錯過自己應得的生活。」**

麻煩是不可或缺的，但為了達到最好的結果，你要確保自己是用正確的方式在實踐它。

第十五章 「多一」並定義領導力

如果你想拉自己一把，就先拉別人一把。

——美國黑人政治家布克・華盛頓（*Booker T. Washington*）

領導力這個概念就和人類文明一樣古老，而我認為在個人成長的領域，大家討論和研究得最為透徹的話題，應該就是領導力了。

那麼，「多一領導者」是什麼意思呢？

根據我的定義，如果你能幫助人們達成一件事，且沒有你他們便無法做到，那你就是多一領導者。身為一位領導者，如果做不到這點，那大家也不會需要你了。

不管你有沒有意識到，**你其實已經是一位領導者了**，至少，你領導著自己。當你遵循著自己所信奉的教義時，或者是透過其他任何方式，你也有可能已經在領導著家人、員工和隊友了。

本書的目的是：「我要如何運用『多一』的觀念，將他人領導得更好呢？」

有些人認為領導者是天生的。的確有可能，但我也堅信，**領導力是一種可以學習的特質**。只要有心且願意努力，每個人都可以成為一位優秀的領導者。

想要學習領導力，我們可以先探究一下關鍵要素有哪些。

領導力的關鍵要素

我感到非常榮幸，能夠在家庭、球隊、公司還有其他地方擔任領導者的身分。

不論你是運動員、教練、家長或者企業的主管，也不論你是什麼樣的社會地位，接下來我要分享的是四海皆準的領導力要素，適用於任何人，這些要素包括：

- 販賣一個偉大的夢想
- 每個人都有與生俱來的天賦

- 驅動我們的六大基本需求

販賣一個偉大的夢想

讓我說明一下為什麼對於一位領導者來說，能夠販賣一個偉大的夢想非常重要。**你販賣的夢想要夠大，人到能夠容下你所領導的每一個人。**

舉個例子，如果你是克萊姆森大學（Clemson）的橄欖球教練達博．斯威尼（Dabo Swinney），你的夢想可能不止是讓每個人認同夢想，而是名垂青史，被人們銘記在心。這個夢想可能是保持不敗，創下最多球員進入NFL的紀錄，或者設下其他前所未有的紀錄。**讓人們覺得他們正在參與一件歷史大事，這是建立一種文化的關鍵步驟。**這種文化代表每個球員以及球隊中的任何 個人，都參與了一個更大的夢想。

一個比他們自己所能想像還要大很多的夢想。

另一個關鍵是，當你和你所領導的人們一起工作時，**要讓他們理解，藉由創造歷史，他們同時也在改變自己和其他許多人的生活。**

野心大一點。

敢於挑戰自我，創造歷史。

敢說一點。

讓他人知道偉大的夢想能夠帶來改變。

敢做一點。

做一些困難的，和夢想有關的事情，讓大家看到你在努力。

希望你有聽懂。

領導力是從小處著手，但同時不斷思考和談論大事。**你的首要任務是要販賣一個偉大的夢想**，可能甚至比你現在腦子裡想的還要大，這個夢想必須要包羅萬象！

身為父母，你必須販賣一個夠大的夢想，讓另一半和小孩看見這個夢想容得下他們。

如果你是一個教會的領導者，你的夢想要大到容得下所有教徒的抱負和理想。

身為一家公司的老闆，你的夢想也要夠大，讓每個員工都能在這個夢想中看到自己。如果你經營的是一家大型的工廠，你需要有一個夠大的夢想，大到能滿足所有員工的夢想，這樣才可以滿足客戶的需求。

當今世上只有少數的領導者擁有夠大的夢想。給我一個偉大的領導者，我就給你看他是如何用偉大的夢想抓住所有人的心、慾望和情感。

身為一個家庭或是一家公司的領導者，你的夢想應該要包含價值觀和願景。夢想代表你這個人，是你對未來的憧憬，也是你想要為這個世界帶來的改變。

為什麼這一點這麼重要呢？

身為領導者，你所處的位置和其他人不一樣。身為領導者，顧名思義，你走在前面，你和後方的人有不同的觀點和想法，你的工作是告訴這些人自己所看到的一切。告訴這些人，達成夢想會是多麼了不起的事情，然後要不斷告訴他們這件事。身為一個領導者，做到這一點是你的義務。對於其他人來說，他們看不到到你所看到的，所以你的任務是讓他們看到。

另一個重點是：

你所帶領的每個人不一定要相信你所說的一切！

很瘋狂對吧？

他們只需要相信一件事，就是「你」相信你所說的。

有太多的領導者一直試著讓人們相信他們所說的，這會讓人感到絕望和軟弱。偉大的領導者只需要讓別人相信，他們自己相信這個夢想。

這是一種傳播福音的形式，我會在本章的後面講到。

每個人都有獨一無二的長處

每個人生下來就有自己的天賦和才能，我稱之為獨一無二的長處。有些是你與生俱來的，有些則是後天習得的。身為一名領導者，**如果你能找出人們身上這些獨特的長處，你便能變得無可取代**。能夠這樣做的人，最後會鶴立雞群，成為一個優秀的領導者。

一個人的長處有可能是幽默、才智、毅力、信念或者仁慈。某一位你帶領的人也許天生就不屈不撓、誠實、有野心、有創意、同時也慷慨又忠誠。這個世界有太多各式各樣不同的長處。**能夠辨識出這些長處，並把它們與你的夢想相連結，對於你所領導的人們來說至關重要。**

我發現的另外一件事情是，許多人的長處往往都沒有被發掘。**一般來說，人們多少都會意識到自己大概擅長些什麼，不過大多數時候，這些長處並沒有被充分利用，因為他們也不知道要如何才能讓自己的才能發揮到最好**。大部分的人一生中根本不會遇到一個真正的領導者，因此，他們無法挖掘這些天賦，也無法充分發揮自己的潛力。

要發揮一個人的潛力，要先找出他們的長處，然後利用這些長處，在他們的內心掀起波瀾。這就是你身為領導者的工作。

認可他們的才能，這樣一來，人們對自己的懷疑就會煙消雲散。他們會更有自信，也更加了解自身要如何融入這場遊戲。因此，他們會為夢想創造更多價值，並取得超出自己期待的成就。

驅動我們的六大基本需求

想想我的朋友東尼．羅賓斯（Tony Robbins）說過的話：「你越了解一個人想要什麼，需要什麼，害怕什麼，就越知道要如何增加價值。」

和許多人一樣，我跟東尼相信人類有六大基本需求，這六大需求分別是：

- 確定性
- 不確定性和多樣性
- 重要性
- 愛與連結

- 成長
- 貢獻

在談論如何找到幸福的時候，往往會牽扯到這幾點，不過我想把它應用在如何領導他人這一方面。弄清楚如何滿足你所領導的人的這些需求，也是你的目標。

理想的情況下，每個人都希望這六大基本需求一直得到滿足。不過在現實中，大多數人更傾向在一段時間內專注於兩三個他們最在意的需求。

讓我們仔細看看這六大需求吧。

- **確定性**。想要生活擁有確定性的人們，往往會需要你能承諾他們一個穩定的環境。**他們重視安全與例行公事**，害怕改變，也常常把改變視為一種不舒服、可怕，甚至是痛苦的過程。

假設你今天要領導一個人，而他的第一優先是確定性。在這種情況下，你就要用不同的方式和他說話。不能用對待更重視其他基本需求的人同樣的方式，像是更重視重要性的人。

想像一下，你拋出一個偉大的夢想，找到大家的長處，然後也清楚明白他們最重視的基本需求是什麼。你有辦法想像當一個人最重視確定性，而你給了他確定性，他會有多高的生產力，同時又會有多快樂嗎？

- **不確定性和多樣性**。那些能夠在不確定性和多樣性中茁壯成長的人，往往都會**被未知與變化所刺激**。他們害怕太過單調乏味的生活，或者每天重複做一樣的事情。他們想要新的、讓人感到興奮的和不同的任務。

帶領這類型的人時，你需要宣傳你的夢想，找出這些人的長處，然後把他們放在對的位置上，給予他們所希望的變化和多樣性。

- **重要性**。當人們追尋的是重要性，**他們希望自己的努力是重要的，同時也能夠得到重視**。他們想要的是認可，而認可對他們來說通常比金錢來得更加重要。這類人享受大家的關注，如果知道自己的努力能夠引人注目，那他們就會認真工作。

領導這類型的人，只要有機會，你就必須**讓他們沐浴在認可之中**。

舉例來說，如果你是一支球隊的教練，你就有責任創造一種文化，讓球員覺得受到重視的文化；如果為人父母，你就有責任要讚美需要認可的孩子；如果你是一家公司的老闆，而你的公司裡有一些結果導向，同時喜歡競爭的人，你就需要建立一個體系，把這些人對認可的需求，還有他們的天賦串連起來。

- **愛與連結**。愛是所有情感中最強烈的，**幾乎每個人都有一個普遍的需求，即感受到與一項原則，或者一個人有連結與親密關係**。有史以來最偉大的詩歌與音樂創作都與愛有關，戰爭也往往因愛國心而戰。如果你懷疑愛的普遍性與愛的力量，就看看一位母親或父親對孩子的愛吧。

被愛與連結所驅使的人，都希望自己能夠歸屬於一個比自身更大的原則。不論你帶領的是一間公司、一個團隊或在任何情況下帶領一組以愛為驅動力的人馬，你就要讓他們知道，自己是這個大家庭的一部分。

你需要讓這些人感覺自己被接納、關心與愛護，要經常讓他們意識到這件事。

想像一下，如果今天你領導一個或一群由愛驅動的人，你卻對他們強調重要性與多樣性。這些雖然都很重要，但卻是應用在錯的人身上。

另外，**不要只是傳遞你自己需要的訊息**。這句話適用於所有情況，但我還是舉一個例子，比方說你在意的是確定性和重要性，而你領導的人卻非常重視愛，那麼你就不應該把這兩種需求套用在他們身上。

身為領導者，你傳遞的訊息，應該要能針對你所領導的人。

- **成長**。有些人高度重視他們在心智、技能和經驗方面的成長，你需要滿足這一需求，**給他們挑戰，讓他們感覺到自己正逐漸成長**。這樣會讓這類型的人感到精力充沛。**當你丟給他們的問題越來越大，越來越複雜，他們也會感到更加興奮**。如果你是一名教練，你需要讓球員知道他們的技巧越來越純熟；如果你是一家公司的老闆，而你所領導的是一群重視成長的人，你需要讓他們知道：為整個團隊的夢想付出努力的同時，他們也在進步。
- **貢獻**。另一些人的動力則是源自貢獻。這群人覺得如果能用自己的服務或專業知識幫助他人，以達成一個目標或理想時，他們會處於最完美的狀態。這群人的動力不是來自重要性或者認可，他們對確定性和不確定性或許也是不屑一顧。為了找到自我價值和成就感，**他們需要知道自己有所作為，同時也正在做出貢獻**。所以你需要定期向他們傳遞這類型的訊息。

基礎需求會隨著時間改變

身為一個好的領導者，也得明白人們的需求會隨著時間改變。在我年輕的時候，為了激發出最大潛能，我需要的是競爭、認可和成長。

成年後，我一直受到重視和認可，我也有幸能夠擁有確定性、多樣性和愛。然而隨著時間的推移，我的需求不斷進化，現在，如果你要領導我，我需要的是貢獻。

如果是十五年前，你想讓我到你的團隊演講，你知道要怎麼說服我嗎？你要讓我知道會有成千上萬的人喜歡我，為我歡呼、鼓掌和跳上跳下，在結束後告訴我，我完成了多麼了不起的工作，因為我需要受到重視和認可。

現在，如果你用這些理由來說服我，我可能會覺得無感並拒絕你。但如果你告訴我，我的演講可以改變一群人的人生，改變公司的方向並做出巨大的貢獻，那我就上鉤了。

你看得出兩者的區別嗎？

我現在最重視的需求是貢獻，**這也是我寫這本書的原因**。

寫這本書不是為了讓好幾百萬的人認可我的作品，雖然這樣也不錯，**不過寫這本書的原因，是我想用它改變數百萬人的人生。我想要藉由滿足大家最在意的需求來幫助他們。這樣做的同時，我也在滿足自己最在意的基本需求。**

想要成為一個偉大的領導者，你不能一直關注自己，而是要看看你所領導的人。他們是要幫助你完成夢想的一群人，**如果他們的需求得到滿足，做事因而更有效率，那你的需求也**

會得到滿足，這樣一來團隊中的每個人都會受益。

不管你是為人父母，是球隊教練，是一家小公司的老闆，甚至是世界五百大公司的CEO，狀況都是如此。

樹立榜樣，鞏固你的領導力

我希望你記住一件事……**生活中大多數事情是自己理解來的，不是教出來的。大部分的人觀察你的所作所為並學習，而不是單純地透過你的教導。**

領導一個團隊時，一定要用更高的標準要求自己。**如果你對別人的要求和對自己的要求不一致，大家很快就會意識到這一點，而你的努力也就功虧一簣了。**

身為一個榜樣，首先你要不斷強化夢想，並確保每個人都知道自己是這個夢想的一部分。另外，花時間弄清楚每個人獨特的長處是什麼，並讓大家知道你願意努力滿足他們的基本需求。

更具體一點，**你要經常「多做一點」**。早一個小時到公司；比其他人多打一通商務電話；為了演講和會議多做一點準備。

記住：所有的目光都在你身上。

樹立一個不好的榜樣，你和你的夢想就會失敗。如果成為一個好的領導者對你來說有點困難，那就先從自己身上找到可以改進的地方。**如果自己都做不到，那你也不能要求別人拿出最好的表現。**

現在我們已經定義了何謂領導力，接著就來看看如何把這些關鍵要素付諸於行動吧。

第十六章 「多一」以及我的十一個領導原則

檢測一個組織的標準不是有多少天才，而是它讓普通人有不普通表現的能力。

——彼得．杜拉克（*Peter F. Drucker*）

在前一章我定義了領導力的幾個關鍵要素，以及要如何成為一位多一領導者。為了實踐那些要素，我通常會遵循幾個關鍵的領導原則，這幾年來，實踐這些原則為我帶來的巨大的成果。把這些原則融入你的領導風格中，或許你也能從中獲益。

記住，因為**領導力是一個終生的課題**，所以這個清單隨時會變動。隨著我不斷成長，我會不定期在這個清單上做加減法。

以下是目前我正在實施的十一個領導原則。

一、成為一位布道者

根據韋氏字典，布道者（evangelist）其中一個定義是：非常熱情地討論某事的人。**最優秀的領導者把他人納入自己的理想，他們是自身夢想的布道者。**

就像牧羊人引導羊群，**一個偉大的領導者在意的是夥伴關係、師徒關係還有服務。**我有幸能夠認識史蒂夫．沃茲尼克，也就是蘋果公司的創始人之一，出於好奇心，我問他賈伯斯的長處是什麼，是什麼讓他可以如此偉大？當時我以為他會說：工作勤奮、堅韌不拔或者極為聰明。

但他沒有這麼說。

他告訴我**賈伯斯販賣夢想的能力非常驚人**，他像傳道一般地販賣蘋果公司的理想，而這樣的傳道在整個公司裡極具傳染力。

傳道就是將夢想傳遞給你領導的人們，這樣一來，你的感染力便能布及全世界。

透過夥伴關係來領導，可以加強你、你的員工、顧客或者家庭成員之間的羈絆。

師徒關係代表你身為一個領導者，可以有效地將信念傳遞給手下的人。

服務則代表你願意滿足大家的基本需求，像是認可員工努力的成果，或者定期向你的家人傳遞愛與關懷。

二、聆聽與觀察

除非學會觀察環境還有你所領導的人們，否則你不可能成為一個偉大的領導者。**傾聽和觀察可以幫你辨識出周遭的人的長處和才能。**

太過空洞或草率是無法達成這件事的，你需要有意識地去做，同時關注最小的細節。**千萬不要把觀察細節當作是一種責任義務，要把它當作一種投資。**

身為領導者，如果你不能放慢腳步，多花幾分鐘去了解週遭人們的狀況，你就會錯過一堆未開發的機會和潛力。看一個人的簡歷或者觀察他們面試時的表現是一回事，**不受限於傳統的衡量標準，並充分了解一個人的天賦**又是另一回事。

如果你是美式足球隊的教練，你一部分的工作是觀察一個球員的統計數據，看看他們在球場上能做到什麼。然而，你也需要充分了解他們在更衣室裡的樣子。他們會帶來正能量，讓隊友更有自信嗎？他們每次訓練都全力以赴嗎？他們會不會練習到很晚，加強自己的弱點呢？

你想要什麼樣的隊員，以及你要如何領導他們，兩者都可以從行動中找到答案。

三、栽培其他的領導者

明智的領導者不會私藏領導機會，反之，他們會積極栽培其他領導者。**領導者的首要工作就是栽培新的領導者。**

有些人對於周遭的領導者會感到害怕。他們害怕受到威脅，因此寧願把權力握在自己手中。但他們沒有意識到的是：**培養其他領導者可以減輕自己的負擔，創造忠誠度並讓整個團隊更加強大。**

想像一下正在教小孩開車的父母，小孩拿到駕照時，他們就是在自我成長的路上跨出了一大步。他們現在會有更多的自由和選擇，能夠幫助整個家庭，像是去雜貨店跑腿，或者帶弟弟妹妹去練球或參加比賽。因此，在接下更多挑戰和責任的同時，孩子們也會變得更快樂，更獨立也更有自信。整個家庭的氣氛會被重塑，父母能夠拿回他們的時間，從事其他更具生產力和更有趣的事。

同樣的道理也適用於一家公司。實際上，員工們常常提到的工作滿意度指標之一，就是能在公司內不斷升遷。當有才華的員工覺得自己停滯不前，或者沒有機會成為公司的領導者，他們往往會離開，前往更廣闊的草原。

球隊也不例外。**優秀的球隊一定是由優秀的球員和教練所領導**。想想勒布朗・詹姆斯和喬丹贏下的所有冠軍，教練當然是功不可沒，不過身為球員，他們自身的領導力也是贏得冠軍的關鍵。

四、愛，信任，關懷，並告訴大家如何過得更好

今天我運用的領導原則，是從一群八到十歲的男孩身上學到的。

大學畢業後不久，我有幸在麥金利男孩之家擔任青少年輔導員。那時的我並不知道，走進八號小屋的那個瞬間會改變我整個世界。

當時麥金利是一個集體宿舍，提供孤兒或者被猥褻的男孩一個住處。這些男孩，要不是父母遭到監禁，不然就是因為各種原因，沒有其他成年人可以照顧他們。從第一天起，我就發現**這些男孩希望我愛他們，相信他們，關心他們，並教導他們如何過得更好**。坦白說，當時的我不覺得自己有能力做到這些。

就跟我一樣，**你們當中許多人可能都覺得自己沒有能力成為一名領導者**。當你有這種感覺，請參考我常常說的：「上帝不會傳喚有能力的人做事，祂會讓被傳喚的人有做事的能力。」在麥金利，我不覺得自己可以勝任，但我明白自己是被傳喚過去的。

從那時起，我學到了一個生命的奧秘，也就是每個年齡層的每個人，想要的東西都和這群男孩一樣。如果你是資深主管，當一個三十五歲的年輕主管走進你的辦公室，他最想要的東西是愛，關懷，信任，並告訴他要如何過得更好。

如果你想成為偉大的領導者，你的成功就和這些東西直接相關。如果你能把這些東西融入生活，就能帶領人們做到那些沒有你他們做不到的事情。

我們常常錯過這樣的機會。我在麥金利的日子教導我一件事，**身為領導者，你隨時隨地都能帶來改變**。儘管是最最最小的鼓勵和善意的舉動，都可以為周圍的人帶來巨大的改變。

這就是領導力的終極定義。

五、重複，重複，再重複

所謂領導，不是對同一群人說新的東西，而是對新的人說同樣的東西。

有太多時候，一個領導者會絞盡腦汁想出一些新的東西，實際上**偉大的領導者會願意不斷重複自己說過的話，我把這稱之為「領導疲勞症」**，人們會厭倦聽到自己一再地說同樣的話。不過事實是，你需要克服這種疲勞，因為正是**你不斷重複的能力，造就了整個組織的文化。**

你必須不斷強化自己想傳遞的訊息，向人們推銷你的夢想，讓他們可以充分理解你身為領導者的使命。這同時也能滿足許多人對確定性的基本需求，**你傳遞的訊息必須夠簡單，讓**每個人都能完全理解，你應該要把這些訊息和你重複的次數當作一場聖戰在打。

每個成功的企業家都是這樣的。當你見到他們，就可以清楚知道他們的來頭，他們聲名遠播，這就是他們品牌成功的方法。**透過不斷重複，成功的企業家預先建立好自己的身分和象徵意義，讓人們對他們有積極正面的想法，而這些想法簡單明瞭且深植人心。**

無論你是透過什麼樣的管道和大家溝通，都應該要始終如一。身為一個商人，你的市場行銷、社群媒體、銷售工具、電子郵件還有一切的一切，都應該要能加深你的使命。如果想要功虧一簣，可以試試看傳遞一些矛盾和令人混亂的訊息，再來看看效果如何。

好的家庭教養也需要不斷重複。你必須不斷向孩子傳遞你的價值觀、信仰和期望，不要以為只說一次，孩子們就能接受或記住你的想法。

身為領導者，**如果你能幫你領導的每個人都找到一個位置，讓他們能被你感染，並且重複你試圖傳遞的訊息**，那他們就會成為你追夢路上最重要的資產。

六、不要吝於讚美

我們要不斷想辦法讚美他人。

如果你正在組建一個優秀的組織，它應該要建立在競爭和認可之上。**所有偉大的組織都有十足的競爭力。他們會培養競爭的心態，並認可大家的成就，認可扮演了關鍵的角色。**

認可人們成為多一思考者和多一行動者也是一種很好的領導方式。反之，如果你沒有建立一個重視競爭和認可的環境，在各個領域你都無法發揮最大潛力。

成功的領導者往往擅於認可他人，這項領導原則非常容易實施，但卻常常被大家忽視。**請記住，認可是人類的基本需求，人們透過認可茁壯成長，並意識到自己的價值。**

雖然人們常常把認可和重要性劃上等號，但我發現往往他們要的只是愛。畢竟在很多人的心目中，**認可是愛的一種形式**。

還是小孩的時候，還記得我們考試一百分，或者打出全壘打時，父母對我們努力的認可嗎？當時對於認可的需求，其實是希望父母能夠承認他們更愛我們。

身為成年人，我們從未失去過這個基本需求，它在我們的血液裡流淌。這就是為什麼每個人都需要被愛、被關心、被信任，也希望你可以告訴他們如何做得更好。

身為領導者，人們尊重你，敬仰你，你說的話對他們來說很重要。**你的話語會被放大，一個不經意的評論，對你所領導的人來說，可能足以撼動整個世界。**

要一直鼓勵他人。**想方設法去讚美他人，無論是公開的，還是私下的。**在一個人的同儕面前讚美他會有很好的效果，但這又和直接感謝他，或者一對一的讚美他有些不同。

身為領導者，**你給出的認可也要有些創意。**不是只有表現好的時候需要表揚。能夠實踐公司的核心原則也是值得嘉獎的。就算是小事也可以給予認可，比方說一整年每天都提早到公司。

獎賞、匾額還有各種口頭上或書面上的認可都是可行的。我喜歡寫信給員工的小孩，讓他們知道自己的父母親有多麼了不起，這是一種幾乎沒有人使用的認可方式。

我一直在尋找獨特和有創意的方式來認可別人，創造這種文化非常重要。記住，六大基本需求之一是重要性（見第十五章），而重要性的關鍵之一就是認可。另一個基本需求是愛，當你給予他人認可，這也是一種愛的延伸形式。

七、找到你的理想、聖戰和使命

每個偉大的組織都是由理想和使命驅動。這些組織都是一心一意地專注在最終目標上。身為領導者，當你創造並說服人們接受你的使命，這就是另一種滿足人類基本需求的形式。在這個情況下，你滿足的需求是貢獻。人們會想要和一個更遠大的理想並肩作戰，這也是你散播理想的一大原因。

一個使命由兩個部分所組成：

一、**我們為了什麼而努力？**你必須讓人們知道你所相信的，然後激勵他們和你並肩作戰。我們的使命宣言是什麼？我們的核心價值是什麼？我們所相信的是什麼？而我們相信的東西會如何幫助我們實現理想？

二、**我們要解決的問題是什麼？**所有使命一定會有敵人，你也會遇到自己的敵人。比方說，如果你成立了一家食物銀行，那你的敵人就是飢餓。如果你創立了一間健身房，那你的敵人可能是肥胖。

把它想成體育賽事死對頭的一部分，像是紅襪隊和洋基隊，或者湖人和賽爾提克。顯然，如果你支持一支球隊，那有很高的機率你不會支持它的死對頭。贏得冠軍是一回事，遇上你的對手又是另一回事。

最好的敵人通常是你想要剷除或改變的東西。如果你管理的是一家婦女庇護所，那你的目標就是終止家暴行為；如果你是一家資產管理公司的老闆，那你的目標可能是改變人們投資的方式，或者幫助他們避開錯誤的財務決策。

上面提到的兩個組成部分越強力，或更能在情緒上驅動此概念，你就越容易領導那些相信它們的人。

此外，和所有聖戰的領導者一樣，你也必須**挺身而出，在部隊的最前面領導他們**。你要敢於衝鋒陷陣，**讓你願意付出的心有目共睹**，同時保護手下的人們免於受到批評和惡意中傷。

領頭羊會得到最多的好處，同時你的責任義務也會是最大的。

八、保持真實和謙虛

如果你是個騙子或冒牌貨，人們可能不會說出來，但他們會知道。

談到領導力的時候，**說真話就是一切**。人們會接受你的不完美，他們無法接受的是謊言。**不要試圖掩蓋你的錯誤，要承認它。**

「很抱歉，我犯了一個錯誤。我下次會做得更好。」這樣簡單的一句話，帶來的效果可能會讓你出乎意料。

當你可以真實地面對自己的表現，你也能真實地對待其他人的表現。如果連對自己都無法誠實，那就很難去建立一個開放的環境。

同樣的道理，當手下的人不小心犯了一個錯，**請發揮同理心**，因為每個人都會犯錯。

九、創造一個文化

人們會被一個完整的環境所吸引。他們想要一個**有明確使命、目標和期望的文化**。**一個設計精良的文化會考慮到人類的六大需求，並設法滿足這些需求**。文化會提供確定性、愛和成長；認可和貢獻會讓人們有鬥志和使命感。

文化是必不可少的，因為文化會提供一個場所，在這裡每個人都著眼未來，並發揮自己的特長。**透明度也是關鍵之一，一個健康的文化鼓勵發問，而不是害怕發問。**

頂尖的公司創造自己的文化，因為領導者知道這可以讓他們招募到最頂尖的員工。**有才華的員工會被優秀的文化所吸引**，因為他們知道一個優秀的文化，可以讓他們茁壯成長，同時免受負面情緒或其他事物的干擾。

十、提供成功所需的資源

生活中最糟糕的事情就是，上戰場的時候總覺得自己的彈藥不足。

身為領導者，你的責任是武裝你的部隊，讓他們有足夠的信心面對眼前的挑戰。如果他們需要擔心自己缺乏足夠的資源，那就是你讓他們處於明顯的劣勢。

適當地給予大家需要的資源，這是在他們為你工作前你需要面對的責任。這件事不是一次性的，它需要成為文化的一部分，一個持續的過程。

所謂的資源不僅是指培訓、輔導、補給品、設備和充足的預算，你也要努力滿足人們的基本需求。當你了解一些員工需要的是確定性、認可和成長的機會，而你採取行動去滿足這些需求，你也是在提供他們非常重要的資源。

另外，**請捫心自問，要成為好的領導者，你需要什麼資源？**身為CEO、父母、教練或者任何其他的身分，你自身所需的資源和需求也必須得到滿足。如果你無法讓自己處於顛峰狀態，那麼整個團隊的效率也會受到影響。

十一、發起一項運動

這本書的許多讀者不僅僅是想成為偉大的領導者。你們想要的是一場運動，並帶來一場大規模的改變。

小提醒，人們不一定要相信你所說的，**他們只需要相信一件事，就是「你」相信你所說的。**然而，你必須堅持不懈，不斷重複並宣揚你的理想。

發起運動是一件龐大而有野心的事。為了獲得最好的結果，強大的領導者要讓人們在夢想中看見自己，發覺每個人的長處，滿足大家的需求，並樹立一個能夠激勵人心的榜樣。

發起一項運動會很耗時。但是，如果你不從地基開始穩紮穩打，並善用手邊的資源，這項運動就會像颱風中的木屋一樣分崩離析。

成為「多一領導者」不是一件容易的事，但如果學會運用這些領導原則，不僅是你，包括你領導的人們都可以過上更好的生活。

第十七章　再一點心如止水

刺激與反應之間有個空檔，在這段空檔中我們有權選擇如何反應。而我們的反應決定了自己的成長和自由。

——神經學家，精神科醫師，大屠殺倖存者維克多．法蘭克（*Victor E. Frankl*）

想要過上快樂的生活，你必須學習心如止水。

簡單來說，心如止水就是在充滿壓力的世界找到一份安寧，但它的意義遠遠不止於此。**心如止水在背後默默支撐著本書中的其他觀點。為了貫徹書中提到的策略，你需要精通心如止水的觀念。**

我是心如止水的擁護者，而我認為你也應該加入我的行列。

心如止水的本質

心如止水（Equanimity）一詞源自拉丁語的*aequanimitas*，意思是平靜的心。這個單字是*aequus*（平坦）和*animus*（思想／靈魂）的結合。

擁有平靜的思想和靈魂，是一種難以捉摸的美德。包括我在內，許多人終其一生都想要做到心如止水，我這輩子也一直在努力尋找平靜，對我來說，在壓力小的情況下比較容易做到。然而，要是在高壓環境之下也能做到，就更有價值了。**如果能更加理解心如止水是什麼，並將其付諸實踐，那麼通往成功的道路將會更加順暢。**

從這點開始說起。

生活中絕大多數的事情都是無法控制的。我們可以有所嚮往，設定自己的標準和目標，並用各種方式調整自己的思維和行動。但就算已經全力以赴了，我們仍然無法控制結果。當結果不如預期時，許多人的本能反應會是失望、沮喪、絕望和憤怒，沒有人可以避開這些情緒。但如果你能更了解如何調節自己的腦袋，也更了解如何調節對外在壓力的反應呢？如果你能夠不被挫折的負能量所影響呢？如果你可以克服糟糕的結果，並保持一個不受挫折影響的積極、理性心態呢？

這就是心如止水的本質

當你面臨一個困境，比方說一通讓你壓力很大的電話、一次糟糕的會議、一次財務挫折，或是人際關係上的挑戰，成功人士可以保持心如止水，其他人卻難以做到。為什麼菁英在艱難的局面下還能不斷進步，其他人卻委靡不振？心如止水是超級菁英和普通人之間那層無形的隔閡。

想想看，對很多投手來說，在第一局無人上壘的情況下更容易三振打擊者，在第九局滿壘面對強打者時則比較困難。高爾夫球手在週四的比賽往往可以整場推桿，但又有多少人可以在週日面對第十八洞時，平穩地打出二十英尺的推桿，以一桿之差拿下勝利？如果你和另一半有些爭執，你有辦法保持冷靜，說出對的話讓彼此都冷靜下來嗎？還是你說的話會讓雙方在十秒後準備打包走人呢？

大多數時候，每個人都可以找到自己的心如止水。不過，成功人士能夠出類拔萃的原因之一，是他們能夠在最需要的時候保持心如止水。

心如止水是世界最古早的哲學概念之一，在各個宗教都能看到它的影子。基督教的圈子裡，我們常常看著對方說：「願平安」，或者是：「願主賜你平安」。聖經裡也有數不完的例子：

「耶和華必為你們爭戰，你們只管靜默，不要作聲。」

——《出埃及記》14:14

「我把平安留給你們，把我的平安賜給你們，我賜給你們的平安不像世人給的平安。你們心裡不要憂愁，也不要害怕。」

——《約翰福音》14:27

「但謙卑人必承受地土，以豐盛的平安為樂。」

——《詩篇》37:11

有幾個東印度宗教也納入了心如止水的觀念，例如，印度教要求信徒放棄對成功或失敗的所有執著。還有瑜珈的關鍵在於，透過定期的冥想和心理訓練，可以淨化身心靈，使其達到一個平衡點，並達成心如止水的終極目標。

猶太教也非常重視心如止水，他們把這一觀念作為精神和道德發展的必要根基。

釋迦牟尼是西元前五世紀受眾人追隨的哲學家和精神導師，他把心如止水描述為：「豐富、高尚、寬大、沒有敵意和惡意的。」釋迦牟尼去世後數百年，他被人們稱為佛陀，意思是「覺醒者」或者「醒悟者」。釋迦牟尼對於佛教的教義也已經被廣泛流傳，成為該哲學的一大根基。

伊斯蘭教也不例外。伊斯蘭一詞源自於阿拉伯語的 *aslama*，意思是在屈服和接納之後所達到的安寧。穆斯林們認為這是上帝的終極智慧，也有許多人認為身為穆斯林，其實就等同於要保持心如止水的狀態。

作為一種精神哲學，心如止水是深植於人類文化的支柱。這是一種已經被教導和讚頌了好幾個世紀的精神信仰。在深入研究心如止水的各個要素之前，我們必須先了解它在人類社會這幾千年的背景。

心如止水的要素

告訴自己應該要心如止水是一回事，但要如何達到這個目標又是另一回事。和所有挑戰一樣，可以先把心如止水這樣的大觀念拆解小部分。這樣做會讓整件事情更清晰簡單，也更能接受心如止水這個觀念。

在學習心如止水，還有這個觀念和你的信仰之間的關聯時，有些元素可能會也可能不會和你產生共鳴。我會提供一些大方向的原則，不過**要怎麼用最適合自己的方式做到心如止水，還是取決於你。**

以下是一些需要考慮的關鍵點：

- **所謂的心如止水，就是在面對挑戰時能夠保持平靜。**你的生活會起起伏伏，這就是人生，你也無法避免。我們雖然不能控制外在因素，但可以調整自己思考和應對的方式。
- 這樣的意識讓我們的內心平靜下來。**平靜代表我們可以接受無法改變的事實。**找到平靜需要練習，想透過冥想達到內心的平靜，你必須拋下對所有事情的喜好或厭惡。你的行動應該由價值觀和美德所引導，而不是正面或負面的情緒。
- **心如止水也代表你要認清無常的觀念。**不論現在你面臨的是什麼事情，它都不會永遠持續下去。**生活就是由變化和無常所組成的。**當你意識到這一點，就會明白不論好事壞事，早晚都會過去的。
- 執著於一件事只會為你帶來痛苦。大家都知道執著於壞事只有壞處，但你也要知道，

如果太過執著於好事，當這件好事消失時，也可能會成為痛苦的來源。心如止水就是要摒棄永恆，還有與之相關的痛苦。心如止水會創造一個意識空間，讓刺激能夠來了又走。**思想僅僅是思想，聲音只是聲音，人們只是在做自己，而所有大小事就只是單純的事情而已。**

- **心如止水讓我們注意到自己的渺小。**人們常常放太多注意力在自己身上。**當我們能夠意識到自己只是龐大宇宙的滄海一粟時，就可以從壓力中得到解放。**
- 正視恐懼可以讓我們不再害怕。我們不再逃避痛苦或規避責任，我們接受自己的狀態，並更加冷靜地邁向生活的平衡。**心如止水就是放手，**如果遇到很大的挑戰或挫折，就把它放下，讓它去吧。學著如何擺脫怨恨、痛苦、傷害和負面情緒。
- **佛陀的四聖諦之一提到，執著是痛苦的根源。**對慾望的執著會造成恐懼和焦慮，放下慾望，接受生活中的一切，無論好的壞的，這樣我們才能從思想的禁錮中得到解放。二十世紀的泰國佛教僧侶阿姜·查（Ajahn Chah）說過：「如果你稍稍放下，那你就會有一點平靜。如果放下很多，你就會有很多平靜。如果完全放下，那你就會有完全的平靜。」
- **心如止水讓你擁抱改變。**與其沉淪於現狀，不如告訴自己未來其實變化多端。**接受變**

化會帶給你平靜，因為變化是不可避免的，和變化鬥爭只是在浪費時間。

不過這些概念都只是蜻蜓點水，如果你有興趣，我強烈建議你可以深入挖掘。有太多太多的書都是關於心如止水，以及為什麼它在許多文化和宗教裡都有舉足輕重的地位。越了解心如止水，你就越能做到這一點。

為了幫助你更近一步地探索，了解一下佛教世間八風是個不錯的開始。

世間八風

佛教點出了四組我們生活中會遇到的對立狀況，並稱之為世間八風，有時也被稱為世間八法。這八風可能會有不同說法，但通常被分為以下四組：

- 快樂和痛苦
- 讚譽和批評
- 名譽和罵名

- 得到和失去

我們難免都會經歷八風，而心如止水的目標就是減少這八風帶來的影響。以下我會列舉幾個可能遇到的例子：

- 我們發瘋似地墜入愛河，卻發現自己的另一半出軌。
- 功成名就或許令人興奮，但也會讓人變得驕傲自大。
- 剛升官的六個月後，公司卻宣布破產。
- 我們全心全意地支持某個運動員或音樂家，卻發現他們對毒品嚴重成癮，有犯罪紀錄或者因為一場意外而去世，像是科比・布萊恩（Kobe Bryant）。

好壞必須有個平衡，這樣我們才會意識到好事都不會是永恆。**我們也要接受這個世界有自己的平衡**，這樣就能避開大喜或大憂。這並不代表當好事發生時我們不能感到快樂或開心，只是我們要用客觀理性的角度去看待所有事情，而心如止水就是做到這一點的關鍵。**少了心如止水，不斷交替的大喜大憂會讓你精疲力盡**。我們的目標是讓心靈得到安寧，有時可能做得到，但心如止水是一輩子的課題，在過程中，我們要不斷精進並調整自己的方向。

世間八風就像是心靈導師。從精神的角度出發，我們需要這八風，少了任何一風，它的對立面就不復存在，也不再有任何意義。然而，太過專注於世間八風也是一種阻礙，讓你的情緒無法穩定。

心如止水是在八風的每一組中取得平衡，並不會完全偏向任何一邊。心如止水讓你接受世間八風的存在，卻讓你不會被它們牽著鼻子走。領悟到八風不是永久的，如此一來，你就更能靈活地面對改變。

所有大道理都是好的，然而，你必須決定一件事：不論現在還是未來，你跟心如止水是什麼樣的關係？

你與心如止水的關係

一般來說心如止水可以分為四類。

- 積極且心如止水
- 積極且不心如止水
- 消極且心如止水
- 消極且不心如止水

在這四種分類當中，只有積極且心如止水是最理想的狀態。

如果心態消極，心如止水對你沒什麼幫助，只能在你的腦海裡碎碎念，跟自己說你太悠閒冷靜了，所以也沒辦法完成任何重要的事情。你必須要活得有點韌性，不必無時無刻都火力全開，但**必須把該做的事做完！**

我在這章的開頭提到，我也不能總是心如止水。我承認自己之前的個性比較衝，常常把生活弄的一團糟，而我當時甚至沒有意識到這件事。當然，我也做了不少事，賺了不少錢，但**我付出了更高的代價，只因為多年來我都沒有實踐心如止水**。通往心如止水的旅途並非一蹴而就，我們要主動感受自己的思想和行動，而我自己的經驗是，這往往需要花上好幾年的時間。

多一思考者也理解心如止水不是永恆的。它會轉瞬即逝，也會隨著生活中大大小小的挑戰出現和消失。**每時每刻你都會在不同程度的心如止水之間游移。**我的目標是確保你不會跟我一樣在生活中沒辦法保持平靜，盡快找到你內心的安寧。

心如止水就像一股力量，可以讓生活中許多美好的事物成真。

第十八章　再禱告一次

在自然科學的酒杯裡，第一口酒會讓你成為無神論者，但在杯子底部，等著你的是上帝。

——維爾納・海森堡（*Werner Heisenberg*）

你看得到信仰嗎？你摸得到，嚐得到或聞得到信仰嗎？

當然不可能。

但長久以來，**信仰都是人類找尋心靈平靜和真理最主要，也是唯一的動力。**

我知道每個人的信仰可能都不一樣。**我尊重所有信仰，也尊重人們用任何方式去追求你想要的信仰。**話雖如此，如果我不和你們分享作為基督徒帶給我的影響，那這就不算一本真誠的書。實際上，基督教帶給我的影響比任何東西都來得大。

坦白說，寫這個章節的過程中我有所掙扎，不是因為我的信仰太過深厚，而是因為我想和你們分享禱告帶給我的影響，也想要向你們坦承我對耶穌的愛，不過我同時也想尊重你們的信仰，不要讓你覺得我在傳教而感到不舒服。

此章節的重點不是宗教，**而是利用禱告和信仰的策略，來幫助你實現目標**。就算信仰對你來說不重要，也請讀下去，因為我還想告訴你，為什麼我認為科學在這方面不是那麼萬能。

於是我們面臨了一個根本的問題。

什麼是信仰？

我們都知道信仰的力量能夠移山，但這樣的認知只是蜻蜓點水罷了。世界各地都有信仰。每個文化的起源或多或少都有信仰的概念。我們也可以說，其實禱告就是信仰的表現。

信仰加上禱告可以帶給你和平、真理、信念和道德。這兩者相輔相成，但各自卻又截然不同，而它們的和諧共處能夠對你有所助益。

用多一思考者的話來說，就是把信仰當做思想，把禱告當做行動，兩者可以很緊密地結合在一起。這就是為什麼我們要經常想著你的信仰，同時也要用禱告付諸行動。

大多數的人都被某種形式的信仰所驅動，而他們的信仰可以透過禱告得到加強和肯定。禱告會加強你的信念，而信念會定義你的性格、對自己的看法還有待人處事的方式。

事實上，我可以證明一件事，就是在我生命中的每一天，「再禱告一次」都會讓我更接近耶穌。

不論是有意識或者下意識地，你其實比自己意識到的更常禱告。你可能不覺得它是禱告，但頭腦的自然反應就是會讓你思考自己想要些什麼。你把這些東西當成慾望，但實際上，**慾望也是禱告的一種形式**。

當你渴望升官、一段幸福且充滿愛的感情、健康的身體或者是財富，無論你是否有意識到，這都是一種禱告的形式。

於是我們便面臨到幾個問題。

你禱告的次數夠多嗎？禱告是你日常的一部分嗎？你只有在需要神的幫助的時候才會禱告嗎？你經常有意地去思考禱告的內容嗎？在禱告的當下，還有在禱告得到回應的時候，你有抱持感恩的心嗎？

你要怎麼定義信仰和禱告

就好像每個人和上帝之間的關係都不一樣，**每個人對信仰和禱告的定義也會有所不同**。

想看看《聖經》在《希伯來書》11:1提出的定義：「信就是所望之事的實底，是未見之事的確據。」

雖然對於某些普遍的事實和看法可以達成共識，但如果真的要定義信仰和禱告，大家都會有些自己的想法，因為每個人看待信仰、禱告和與上帝的關係的方式都不同。

擁有信仰以及禱告的能力，是人類獨一無二的技能。我們的思考能力能夠超越眼前所見、所觸摸和所感覺到的，這點是人類和其他生物與眾不同的地方。

自由意志代表我們可以自行解讀信仰。根據我們的解讀，禱告的方式也會不一樣。

信仰的範疇會大於宗教。**信仰是基於對一個人、一份責任或一件事情的信任與忠誠**。廣義來說，**信仰是接受一個真理，一個沒有證據的真理**

禱告的定義則比較狹隘。對很多人來說，禱告的目的是更加理解上帝所謂的善，同時也增加我們自身對善的渴望。

所以，定義信仰和禱告，本質上代表我們要相信這些東西是為了培養心中的善。

人們想要知道關於一個信仰的所有事情，然後才會願意接納這個信仰，這通常是人們將信仰拒之門外的原因。對許多人來說，這樣的思考方式不只被用在信仰上，也被用在生活中的所有大小事情上。

什麼意思呢？

如果你覺得在做事之前需要達到一定的知識門檻，那你只會原地踏步，落後那些願意勇敢踏入未知領域，而且無論如何都會採取行動的人。

人生總會有那麼幾次是你需要停止瞻前顧後的，需要告訴自己其實不用什麼都知道才去做。在信仰上尤其如此，因為我們永遠沒辦法完全了解信仰的一切，信仰本身的定義，就已經把瞻前顧後的思維拒之門外了。

除了信仰以外，這種限制性的思維還有在生活的其他方面阻礙著你嗎？

比方說，假設你是那種做事前需要把所有事情都先弄明白的人。在這樣的情況下，你有可能永遠無法成為那個冒險創業或者進入一段新感情的人。**「需要事先知道一切」的想法，對你沒有好處。**

生活中的每一個領域，尤其是信仰，關鍵都是要在某種程度上踏入未知的領域。

從信仰和禱告中汲取力量

常常有人問我最喜歡哪一本書，而我的答案始終只有一個。

聖經。

我最喜歡的一段出自《腓立比書》4:13：「我靠著那加給我力量的，凡事都能做。」

每次讀聖經，我都覺得自己的身心靈得到加強。一直以來，我也對人性、精神方面深奧的問題和道德問題感到十分好奇。

我充電的方式之一，是透過一段的簡短經文，而這段經文要總結虔誠和禱告最純粹的意義。

在《約翰福音》16:24中，耶穌說道：「如今你們求，就必得著，叫你們的喜樂可以滿足。」

這就是信仰和禱告的本質，也是兩者帶給我生命的影響。

不只如此，**因為我完全相信信仰和禱告的力量，所以我從不孤單。**

我的一生從信仰和禱告中得到了許多力量。每撥打一通銷售電話，每踏上一次演講的舞台，或者是單純出門在外，在街上與人聊天時，這些力量都賦予我**極大的信心**。**我的信仰和禱告也有得到回報**。我堅信這兩者與人生中許多事情都有直接的關聯，包括現在的財富、事業、友誼還有最重要的，幸福美滿的家庭生活。

要對一個沒有信仰，也很少禱告的人解釋這兩者帶來的影響非常困難。

我只能告訴你這兩者對我的影響。而我相信，如果使用得當，**信仰和禱告應該被用來找尋內心的平靜，用來反思生命的本質，也用來練習對周遭的事物抱持感激**。

我從隨之而來的平靜中汲取力量，這幫助我集中注意力處理下一個任務。這樣一來，我也能夠為生活中的大小事找到目標和前進的動力。

把信仰、能量和量子學連結起來

人們常常問我，我如此虔誠，是不是就代表不能相信科學。完全不是，而且恰好相反。

我們知道的生命本質和以下三種哲學理論有所關聯。

一、有些人認為自己的生命是基於信仰。

二、有些人認為自己的生命是基於能量。

三、最後，其他人是基於科學。

我比較獨特一點，我認為自己同時屬於這三大陣營。

我是一名基督徒，我相信全能的神創造了宇宙，但我同時也是科學和能量的信徒，絕不認為這三大陣營有互相衝突的地方。

我一度認為，相信科學就代表需要降低自己信仰的深度。反之，我也曾以為自己需要對許多科學原理打折扣，用這樣的方式來維持我堅定的信仰。

然而，隨著不斷閱讀學習，我意識到**科學實際上證明了我對信仰複雜、美麗和奇妙的信念。**

我全能的上帝創造了世間萬物，或者，祂沒有。

量子學的基本定義是，宇宙中充滿了相互作用的粒子，量子能也流淌其中。對於這種能量的科學解釋，我們稱之為量子物理學研究。

我喜歡量子能的原因，在於它是信仰和科學交會之處。事實上，我一些最虔誠的朋友，包括牧師、拉比、伊瑪目、神父等等，他們都非常喜歡能量的概念。

會相信上面提到的三個想法，是因為很久以前我問自己的一個問題。

如果我們知道有一位上帝存在，而祂創造了樹木、動物、海洋、地心引力、氣候還有所有其他的事物，為什麼這位上帝不能創造我們在世上所感受到的能量呢？

儘管這是個艱鉅的問題，但如果你相信上帝，如果你也接受這樣的前提，也就是我們之所以都感受得到能量，而能量是由上帝所創造，那麼和上帝創造男人和女人相比，這點就顯得沒那麼偉大了。

在我看來，創造這些能量，還有**賦予七十億人思考、質疑、表達、挑戰、推理、思考的能力**，兩者相比之下，前者就有些相形見絀了。最重要的是，上帝讓我們想要找出這些問題的答案，這股慾望是人類文明進步的原動力。

這點和賦予每個人生命不一樣，想想上帝創造的奇蹟，祂讓人類利用氧氣維繫生命，用食物和水當作我們的能量來源，賦予我們視覺、聽覺、味覺還有其他所有的感官體驗，讓我們能夠探索這個世界。

稍微思考一下。

讓這個問題沉澱一下，想想看你為什麼存在，還有你是怎麼存在的。

我相信不只有信仰、能量和科學的存在提供我們答案。我一再經歷，所以我知道還有其他像是和平、邏輯、秩序和任何我們需要的事物。

看不見的能量，能量如何與我的信仰融合，以及我禱告的方式，一直以來我都對這些事情感到著迷。

乍看之下，信仰和科學似乎沒有什麼共通之處。然而，如果你知道**精神領袖和科學家們花了多長時間尋找兩者之間的關係**，你應該會感到很驚訝。

量子物理學提出的論點是，一切都可以分解成無限小的粒子和波，創造出肉眼不可見卻驅動整個宇宙的能量。就像信仰一樣，量子是看不到的，但科學家和宗教學者提出的假設，是這兩者對人類有重大的影響，而他們所做的事情都是建立在這點之上。

量子物理學的基本原則之一是，相信你正在用自己做的決定來回答一個問題，信仰的運作方式也是如此。不只如此，如果你做了其他決定，或是用了其他方法，你所相信的事實最終可能會看起來完全不同。信仰引導你找到答案，而這些答案帶來決定和結果。

你看得出科學和靈性之間的連結嗎？信仰和禱告不就是用了同樣的方式，將我們導向正確的決定嗎？

兩者之間的交互關係，更能說明信仰和禱告的重要性。隨著人類不停質疑我們存在最根本的因素，科學和信仰的交集，已經成為越來越重要的研究領域。

信仰和能量的重點在於……

許多人相信如果他們擁抱信仰和禱告，就可以不用採信那套宇宙能量論的說法，我認為實則相反。相信能量和量子科學會強化我的信仰和禱告，科學和信仰共生共榮，而不是互相排斥。

越常禱告，人們就越容易感受到你的能量、平靜、安逸和同理心。因為這點，無論你的信仰為何，我給你的建議是要經常禱告。

你總會帶給人們一些感覺

你是否曾經被某個人吸引或者覺得他很無趣？我知道你一定會遇到那麼幾個能夠立刻打成一片的人，因為他們給了你對的感覺。

信不信由你，這是量子物理學的一部分，是世界上看不見的能量的一部分。

同樣的能量也用不同的方式存在在這世界上，如果我告訴你有一種能量讓你的腳貼在地上，而這種能量叫地心引力，你同意嗎？

你有沒有曾經踏入過一個房間，然後感覺到一股平靜的能量？相反的，你有沒有去過一個地方，然後那裡的能量讓你感覺渾身不對勁？可能讓你覺得可怕或是不舒服。

再舉另一個很好的例子。你有沒有看過一隻小狗對某些人非常友好，但其他人卻完全無法靠近這隻小狗，甚至還可能被咬？

這是一個完美的例子，證明**你散發出的能量會透露出你的某些事情**。如果想要實現夢想，能夠刻意讓人感受或沒感受到特定事情非常重要。

記住這一點：**你總是會帶給人們一些感覺。**

有一種能量可以吸引特定的東西到你的人生，還有另一種能量可以趕走特定的東西。如果不了解能量是如何運作的，你就是在害自己，理解這一概念會對你的人生助益良多。

想要多深入探索這種能量和量子物理學完全取決於你，但否認它的存在，就是在拒絕像是地心引力一樣基本的東西。

對這種能量的理解造就了我現在的成功，我也完全明白大多數人不太在意自己散發出的能量，或者他們給人們的感覺。**駕馭這種能量的能力，對於你在這世上的生存來說至關重要。**

你也要知道一件事，你在不同時間會需要散發不同能量，有時是愛，有時是熱情，有時是理解。這是善用能量的另一個部分。

再禱告一次的力量

雖然我已經提過了，但我還是想再次強調，信仰和禱告非常因人而異，我也尊重每個人的信仰和實踐的方式。

我很高興可以分享自己知道和相信的事情，如果你覺得這些事情有幾分道理，也可以幫助你強化信仰和禱告，我會非常開心。不論你的信仰為何，我深信「再禱告一次」可以讓你離它更近一步。

以下是我對信仰和「再禱告一次」的一些補充看法。

- **你的信仰越強，承諾就會越深**。從策略的角度出發，如果你祈禱能夠成為升官的人選，簽下一筆大的合作，或者成為解決問題的人，你就會更努力地讓這些事情成真。
- 有時你的信仰會動搖，有時你會對自己所信奉的神有所疑問，你必須**提出你的問題來測試你的信仰**。除非得到答案，或至少試著去尋找答案，否則你永遠沒辦法強化你的信仰，**你需要斬除所有遇到的困惑。**

- **不要只在想要的時候禱告，要每天禱告。**要始終如一，讓禱告成為習慣，就像運動、吃飯或者告訴你的家人你愛他們一樣。
- 你有聽過「散兵坑裡沒有無神論者」這句話嗎？不要等到最後關頭才知道禱告。**好的時候，壞的時候都要禱告，真誠禱告、用心禱告。**不論生活的狀況如何，不要只是敷衍了事。
- **確保你的禱告和請求符合你所信奉的神。**如同《約翰一書》5:14所提到的：「我們若照他的旨意求什麼，他就聽我們。」
- **不要祈求任何人受到傷害，這是永遠無法令人接受的事情。**
- 我也相信**禱告的力量會有複利效應。**你實施越久的信仰和禱告，這兩者對你的影響就越深遠。
- 我學到的一件事情是，當悲劇發生，**你可能會有信仰危機。**但我也學到，這是你最需要信仰和禱告的時候。
- 最後，有時你會因為信仰和禱告的方式受到別人的挑戰和排斥。他們可能完全不會嘗試理解你的信仰，或者他們可能根據自己的信仰或缺點隨意推論。我的應對方式是告訴自己：「比起人們怎麼想，你和上帝的關係更加重要。」

如果可以把上帝放在第一位，那麼你就能妥善地把信仰和「再禱告一次」融入生活。

第十九章　最後再一次

撰寫本書的過程中，我領悟了很多事情。然而，有一件事我覺得比什麼都重要。

我意識到自己的人生還有經營哲學來自小愛德華・喬瑟夫・麥萊特，我的父親，同時也是我的英雄。

我會相信人可以改變，我會在幫助人的這塊領域深耕，都是因為這個我愛的，我敬仰的男人向我證明了一切。

我可能和你們分享了不少東西，但沒有什麼比這個章節更重要、更困難的。當你看著生命中最親近的那個人，他們在面對「最後再一次」所做出的承諾和改變，這不僅僅會改變他們，也會改變你。

以下是我父親的故事，也是他帶給我最無價的一課。

我相信你也可以從中獲益。

「最後再一次」的故事從這裡開始。

我的父親是一位職業的銀行家，他工作勤奮，三百六十五天從不缺席。

在我人生的前十五年，他也是一名酗酒者。

為此他付出了慘痛的代價，傷害了他愛的人。

在他掙扎不已的過程中，我們也連帶受到傷害。儘管我生在一個非常有愛的家庭，父親酗酒的問題讓我們所有人都感到焦慮擔心。為了解決問題的源頭，父親每天和酒精鬥爭，看到這樣的他讓我內心也十分煎熬。

不過諷刺的是，我想告訴你他酗酒的毛病其實讓我深受啟發。

甚至，這個毛病也讓他從中獲益。因為酗酒，他找到了自己真正的使命。

父親酗酒的問題讓我深受啟發，直到今天，我大多數的心法都是源自於一個酗酒的父親。

例如，為了要弄清楚下班回來的是哪一位父親，是清醒有愛心的父親，還是冷漠醉醺醺的父親，我從小就學會讀懂肢體語言、語調和面部表情。

我的技能已經純熟到可以透過父親拿鑰匙開門的方式就得出答案。如果聽到鑰匙碰撞的聲音，弄了很久都沒辦法開門，那就是喝醉了。相反地，如果很順利地就把門打開，代表他很清醒。

他一進門，我會觀察他說話和走路的樣子，他的肢體語言、行為舉止和態度。對我來說，這是一場猜猜看的遊戲，答案會影響到我應該要躲起來直到他上床睡覺，還是要去後院和他玩傳接球。

這個技能對當時八歲的我來說是必要的，所以我很快就學會了這一課，而且得心應手。儘管父親的本質十分善良，他喝酒的時候會變成另一個人。很多時候，他不僅對我們非常冷漠，甚至會直接不回家，而原因我們都心知肚明。

雖然這點讓我十分苦惱，但父親仍然是我最好的朋友，我尊重他、仰望他。他是我的英雄、知己、導師以及我最信任的人。他讓我和三個妹妹感到被愛，我們也都非常愛他。

你的家庭也許會有自己的困難，但我知道很多人也經歷過和我一樣的事情。

每個小男孩都認為自己的父親是完美的，沒有任何缺點。不幸的是，生命的本質就是父親也是人類，而人類一定會犯錯。現在我身為父親，我也完全知道自己曾經犯過不少錯誤。

但如果你跟我一樣是個小男孩，也對你的父親心存敬畏，把他當做你的英雄，你就會忽略那些錯誤和不完美。

不過我並不是因為覺得他很完美，實際上恰恰相反。我把他當做英雄，是因為他能夠克服自己的錯誤和缺點，光是這一點就讓他在我眼裡非常耀眼。

我永遠不會知道父親是什麼時候染上酒癮的，我也不覺得任何人會知道他為什麼會酒精成癮。

每個人都會遇到困難、挑戰和悲劇。不管你喜不喜歡，一定會遇到，不管你多麼頻繁地禱告，多麼頻繁的許願，都一定會遇到。

宇宙亙古不變的法則之一是：所有東西都有保存期限。

讓這句話沉澱一下。

遲早有一天，一切都會結束。

不論你是誰，正在經歷些什麼，改變都會找上門來。這不是為了讓你感到沮喪，而是為了讓你有一種緊迫感，也是為了提醒你，所有事情都不是單純地發生而已，所有事情都有其發生的理由。

一生中，你會遇到幾次旅程的終點，會面對「最後再一次」。在這些時候，你所做的決定會定義你這個人，還有人生的方向。

只要意識到自己在地球上的時間是有限的，你的世界就會改變。很多人比其他人更早意識到這件事，而有些人雖然深知這件事，卻無法掙脫身上沉重的枷鎖。

某些時候，我們都在「最後再一次」這條船上，無法逃避，所以我們必須學會用最好的方式來正面迎擊。

在最後一次的日子到來之前，學會用最好的方式生活吧。

你沒辦法停止或減緩時間的腳步，也沒辦法逃離那些無法避免的改變。你能做的只是充分利用現在所擁有的。透過這種方式，你可以有意識地引導自己的命運，這是讓人生減少負擔、遺憾、憤怒和悲傷的方式。

而且，沒錯，這並不容易。

很少有改變是容易的。

我十五歲的時候，父親面臨了他人生中最大的「最後再一次」：我的母親給他下了最後通牒。

她告訴父親：「你要嘛戒酒，要嘛失去這個家庭，沒有其他機會了。」

我永遠不會忘記父親的回覆。

「艾迪，我要離開這裡一段時間，我要戒酒。當我回來的時候，你會有一個配得上你的父親，你的妹妹們會有一個配得上他們的父親，然後你媽會有一個配得上她的老公。」

一樣的話我已經聽過好幾遍了，儘管我非常想要相信他。於是我問父親：「這次會有什麼不一樣？」

我從來沒看過父親哭泣，但是那天，他眼裡含著淚水說：「艾迪，我還有一次機會。」**最後再一次。**

父親已經因為酒精掙扎了很多很多次，但他把媽媽的話銘記在心。這次的代價太高了，所以他的選項裡沒有失敗。

我想和你分享我從中學到的一課。

在目標裡加入一點情感的成分，這會成為度過改變和困難的關鍵。

你的情感因素必須遠遠大於即將面臨的阻礙，這樣才能讓所有的困難相形見絀。給我一個有足夠理由改變人生的人，我就證明給你看他完全有能力做到。

常常有人問我要怎麼找到那些情感因素。

其實只要在夢想和周遭的人身上就能找到了。

對父親來說，滴酒不沾的挑戰完全比不上母親的最後通牒，也就是失去家庭的可能性。父親身為一個熱愛家庭的人，對他來說沒有什麼比失去家人更加慘烈了。

在那之前，父親都沒有過上自己應得的生活。

他深知這一點，他也知道自己必須改變，而且他成功地改變了。

我的父親戒酒並不是為了救贖，但他得到了救贖。

一部分的救贖已經寫在這本書裡面。儘管這本書的作者是我，但你讀到的東西實際上是我和父親的共同傳承。

常常有人問我為什麼會開始幫助他人。

這不是偶然，也絕非意外，就是因為我的父親。

本書源自於我父親帶給我的影響，我想要幫助他人的慾望也反映了我父親在戒酒後，致力於幫助他人的決心。

父親和戒酒會齊心協力，決定要擁抱「再清醒一天」的概念，這一概念最後也成了他人生的指導方針。

如果你從未沉迷於酒精，這聽起來可能微不足道。但在酒精成癮者的世界裡，拿下這場戰爭的每一天都意義非凡。

接受這個觀念之後，我的父親並沒有試著在剩下的人生都不碰酒精。他的方法是「再一天」不碰酒精，一天為一單位，不斷累積成週、月然後年。這樣的心態轉變，對一個過去曾是酒鬼的人來說至關重要。

如果你正在讀這本書，然後你也在考慮放棄自己的夢想，放棄自己的事業，或者任何一件對你來說重要的事，不要給自己好幾年甚至是一整段餘生的壓力，試試看「多堅持一天」。

每次都「多試一小步」，讓不退出這件事變得更容易達成。你需要的就只是度過今天，明天，你就可以重新開始，用「最後再一次」的心態打贏這場戰鬥。

在最黑暗，最艱難的時期，我們都會想要放棄走人。當腦海裡產生這些念頭的時候，只要再「多堅持一天」。

再一天就好，不要放棄。

正如我前面提到的，有很長的一段時間，我沒有完全意識到自己的人生理念其實完全來自父親，他試圖戒酒，還有他對「最後再一次」的信念，正是這個信念，支撐了他人生最後的三十五年。

這點值得一提再提，因為「最後再一次」是這本書最重要的精華。

我的父親被慢性阻塞性肺部疾病（chronic obstructive pulmonary disease，COPD）折磨了好多年，但大多數時候他還是活得好好的。然後有一天我們打高爾夫球的時候，他突然感到一陣痛苦。

一個月後，他被診斷出患有脂肪肉瘤（liposarcoma），這是一種罕見的癌症，從脂肪組織而來，可以在身體的任何地方茁壯成長。不久後，我的父親進行了十二個小時的手術，切除胸前一顆足球大小的腫瘤。

接下來的手術、化療、藥物、放射性治療和其他治療，他一句怨言也沒有。父親還向我們隱瞞病情的嚴重性，因為他知道如果讓家人知道自己有多痛苦，我們會很難過。

父親和癌症鬥爭了長達九年，然後於二〇二〇年十月三十日因為呼吸道併發症而去世。時間是在我寫這本書的不到一年前，當時他已經七十二歲了。

在我的生活中，父親之前的位置變成一個空白。我對他的思念無以復加，我仍然沒辦法習慣他的離開，我想念和他聊天，也想念我們共處的時光。

雖然我希望父親在我生命中的洞，會隨著時間的推移而變小，但內心深處，我知道自己在地球上的每一天都會不斷想念他。

時間的魔力在於它能讓我們癒合並反思，而這正是父親去世後我不斷在做的事情。這是一個持續的過程，我已經能夠開始慢慢回顧他的人生，同時，我也在思考人們要如何從小愛德華．喬瑟夫．麥萊特的身上汲取教訓，帶走一點東西。

關於「最後再一次」，我想告訴你三件事情：

一、盡可能地用「最後再一次」的心態過生活。

二、當你把每一天都當作新生活時，「最後再一次」的效果最好。

三、要明白「最後再一次」永遠不會為時已晚。

當你全力以赴地過著「最後再一次」的生活，就能夠用高度的緊迫感過日子。

如果只能跟你愛的人跳上最後一支舞呢？如果只能跟你的小孩最後聊一次天呢？你會用什麼樣的方式，對他們說些什麼？想想你的人生，如果只剩「最後再一次」的機會跟另一半說你愛他呢？

想想看，如果像我父親一樣，你被賦予「最後再一次」的機會，成為你一直想成為的父母、兄弟姐妹、小孩或者朋友，你會怎麼做？當你用「最後再一次」的心態對待生活，事情的優先順序就會一目瞭然。你會更感激上帝賜予給你的禮物，也會尊重並珍惜時間。

然後你就會成為一個更好的人。

接下來是我能告訴你最好的例子，說明「最後再一次」是如何影響我和父親之間的關係。

我們父子倆都喜歡打高爾夫球。我還年輕時，我們會在加利福尼亞州奇諾市的埃爾普拉多球場打球。對我們來說，那是避風港，一個可以放鬆、開懷大笑以及分享彼此生活的地方。

我們一直熱衷於討論政治，也討論精神信仰、生命的意義，還有他的小孩和孫子們。比較安靜的時候，他會想著生命中的一些遺憾，那些遺憾大多是他流失於指縫的機會。

雖然父親以我為傲，但他總是強調，就算事業再怎麼成功，家人和朋友才是最重要的。父親基本上不在意我住的房子、我的財富與其他華麗的身外之物。反之，他更在意我是怎麼樣的人，我待人處世的方式，我為世界帶來的改變，以及我是否有遵守基本的道德操守。

他在意的事情一直是我最珍貴的教訓，這些教訓讓我做人能夠腳踏實地。

我們的對談很深奧，隨著時間過去，父親逐漸成為唯一知道我所有事情的人。在我快要五十歲的時候，他還是我第一個徵求意見的人。實際上，父親是我唯一會徵求意見的人。每當有事情發生，無論好壞，他也是我第一個打電話的人。

隨著事業起飛，我開始慢慢走向成功的道路，我想給父親一個禮物，就是讓他在世界上數一數二好的高爾夫球場打球。

所以多年來，在聖誕節前後，我們兩個都會前往圓石灘，享受一年一度的父子高爾夫球之旅。這是對他的一點小小感謝，而那些時光對我的人生來說意義非凡。

無論去哪，這些旅行的重點都不在於打高爾夫球，而是我們一起度過的時光。我們也可以簡單地去釣釣魚，開著老爺車兜兜風，看一場球賽或者做任何我們都感興趣的事情。

儘管已長大成人，我還是一如既往地需要父親。我身為一個父親，也有自己應該面臨的挑戰，而父親總是提供我很好的人生建議，這件事只有他做得到。

我很懷念和父親的點點滴滴，但最懷念的絕對是高爾夫球之旅。我一直都知道這每一趟旅程有多重要，但父親的離開讓它們意義更加深遠。不要弄錯了，我懷念的不是高爾夫球，而是我們的父子時光。

如果可以再跟父親打一次高爾夫球，我願意付出一切代價。

很多時候，我還是不敢相信他已經走了。父親去世後的幾個月，我發表了一場演講，現場有上千名聽眾。演講結束後，我迫不及待地走下舞台，想要打電話給父親。就像過去一樣，我會很高興地告訴他我哪些地方有做好，哪些地方可以做得更好。

直到腎上腺素的作用退散，我一個人站在後台，意識到我沒辦法再打給他了。父親去世後，我沒辦法告訴你我有過多少次那種衝動。但我可以肯定的是，「最後再一次」的意義從未如此清晰明瞭。

如果這本書沒有帶給你任何其他的收穫，我現在要告訴你，假設你生命中有一個對你來說意義重大的人，請開始用「最後再一次」的心態對待他們。珍惜你們在一起的每一刻，然後用讓他們感到驕傲，還有讓自己快樂的方式活著。

不要再等了！

如果父親以為這本書是寫給他的，那就尷尬了。為了他，也為了我，這本書不是寫給他的。這本書是寫給你，和你的家庭，你的靈魂，你的人際關係，還有你正在打拚的事物。

我只是想用我和父親之間的關係，來幫助你理解為什麼我們要用「最後再一次」來過上最好的生活。

我想要你明瞭的第二件事，就是要無比珍視「最後再一次」，把每一天都當作是全新的人生在過。

沒人能保證任何事。

你或某個你在乎的人，可能下一刻就會離開這個世界。

你每一刻都要慶幸自己仍然活著，極度感激地善用每分每秒。學習感恩上帝引入你人生中的一切，無論大事小事，無論何人。

拋去一切令你感到沮喪的想法與人。排除這些事情，你就能用那些對你來說意義重大的機會與關係來填補這些空位。當你拋開過去，你對人事物的優先順序也會有所改變。有太多人都困陷在過去回憶的流沙之中無法自拔，沈溺於並不需要在意的罪惡感、憤怒與怨恨，最後受傷的只有自己。

反之，當你早上醒來時，告訴自己：「**每一天，我都活著，且重獲新生。**」

當你放下過往，便是為當下創造出空間。你能夠將稍縱即逝的「最後再一次」帶來的能量與熱誠，貫注於你的人生。你能夠將能量直指重視的人事物，而非那些摧毀你內心安適，以及你與他人關係的事情上。

當你把每天都當成是重獲新生，你會在身邊的事物中，發現更多愉悅與喜樂。如果你得跟某個人「最後再一次」交談、做個道別的擁抱，或是跟快要離開的親友跳最後一支舞，你就能在心志清澈的情況下這樣做，不讓那些精神垃圾影響你過上最佳的人生。

別讓身邊充斥著垃圾，而毀掉你的一天，相反的，把它們都清掉，留著那些重要的東西吧！

第三件事，也是最後一件事，就是要知道「最後再一次」永遠不會為時已晚。

父親去世以後，我在整理他的東西時發現了幾張小卡片。小卡片上潦草地寫著「1-4, JL」還有「1-3, PT」。這些卡片散落在梳妝台還有浴室的鏡子上。代碼的意思是日期還有某人名字的首字母，而且有數百個。

我馬上就明白了，每一張卡片都代表了父親曾經幫助過的一個人，上面的日期是那個人的戒酒紀念日。

最重要的是，每到一個人的戒酒紀念日，父親就會打給那個人，祝他們戒酒日快樂並表示祝賀。父親想要傳遞的訊息很單純，就是你只需要「再保持一天」的清醒就好了。

他每年會打數百通這樣的電話，年復一年，就連他生命中的最後幾天也是這樣。

就連他帶著氧氣面罩，連呼吸都有困難，幾乎不能說話的時候，他還是會打給小卡片上的這些人。儘管他的身體痛苦不堪，儘管知道自己的時間不多了，父親還是會再多幫助一個人。

沒有人在看他，沒有人會知道父親有沒有打這些電話。然而，只因為父親過著「多一」的生活，這些都是他「最後再一次」幫助他人的機會。最終，父親的「最後再一次」是在他去世前不久，他又打了一通電話給一個需要幫助的人。

我從來沒有為父親如此感動和驕傲過。他平靜、善良且謙遜的行為舉止，仍然是為他人服務的楷模，而我知道自己可能永遠無法更勝於藍。

現在你知道為什麼幫助更多人是我的使命了。

是為了紀念我的父親。

父親曾站在懸崖邊緣，差點失去家庭和他打拚下來的一切，從懸崖邊緣返回後，他找到了目標和救贖，他充分利用了「最後再一次」的機會。我們的身體會衰老死亡，遲早都會離開這個世界，但父親的「最後再一次」，將會流傳於世。

如果可以把人生過得像父親一樣美好，真的是非常幸運的一件事。

上帝用祂無限的智慧，讓我們學會寬恕。請將這份禮物銘記在心，如果你和你在乎的人關係遇到瓶頸，試試看先把分歧放到一旁。

對於接下來會發生的事，我們其實都毫無頭緒。

當你發自內心地貫徹「最後再一次」，不僅會減輕另一個人的負擔，也會讓自己的負擔更小一點。

當我看著父親嚥下最後一口氣的時候，我恍然大悟，意識到遲早有一天，我們都會面臨自己的「最後再一次」。

我們在地球上的最後一年。

我們的最後一個月，最後一週，還有最後一天。

我們的最後一小時。

然後很快的，我們的最後一口氣。

你無法控制結局，但你可以控制結局前的故事。

透過我在本書中提到的種種「多一」，你會慢慢養成全力以赴過生活的能力。這些想法和行動會構築出你的人生故事，這樣一來，在最後一次呼吸的時候，你就能為自己的人生感到驕傲。

不要等待「最後再一次」找上門來。

要帶著緊迫感和目標去找它們。

當你主動追尋，就會解開最困難也最重要的「多一」。
與此同時，你也可能解開了生命本身的祕密。

亞當斯密 023

多一法則

破解吸引力法則，打造原子心態，迎接複利人生的幸福指引
The Power of One More: The Ultimate Guide to Happiness and Success

作者　艾德・麥萊特（Ed Mylett）
譯者　楊東昊

堡壘文化有限公司
總編輯　簡欣彥
行銷企劃　游佳霓
副總編輯　簡伯儒
封面設計　周家瑤
責任編輯　簡欣彥
內頁構成　李秀菊

出版　堡壘文化有限公司
發行　遠足文化事業股份有限公司（讀書共和國出版集團）
地址　231新北市新店區民權路108-3號8樓
電話　02-22181417
傳真　02-22188057
Email　service@bookrep.com.tw
郵撥帳號　19504465 遠足文化事業股份有限公司
客服專線　0800-221-029
網址　http://www.bookrep.com.tw
法律顧問　華洋法律事務所　蘇文生律師
印製　呈靖彩藝有限公司
初版1刷　2023年5月
初版2刷　2023年6月
定價　新臺幣390元
ISBN　978-626-7240-40-3
978-626-7240-41-0（Pdf）
978-626-7240-42-7（Epub）

國家圖書館出版品預行編目（CIP）資料

多一法則：破解吸引力法則，打造原子心態，迎接複利人生的幸福指引／艾德・麥萊特（Ed Mylett）著；楊東昊譯. -- 初版. -- 新北市：堡壘文化有限公司出版：遠足文化事業股份有限公司發行, 2023.05
面；　公分. --（亞當斯密；23）
譯自：The power of one more : the ultimate guide to happiness and success
ISBN 978-626-7240-40-3（平裝）

1.CST: 自我實現　2.CST: 成功法

177.2　　　112004598